本書著者與服部正明教授（右）攝於京都市京都飯店（二〇〇八年夏），
服部氏為佛教知識論與唯識學之國際著名學者

本書著者與戶崎宏正教授（左）攝於九州太宰府一茶園（二〇〇七年夏），
戶崎氏為佛教知識論特別是法稱知識論之國際知名學者，又兼擅唯識學

तृतीयो विज्ञानपरिणाम इति वाक्यशेषः। षड्विधस्येति षट्प्रकारस्य रूपशब्दगन्धरसस्प्रष्टव्यधर्मात्मकस्य विषयस्य या उपलब्धिर्ग्रहणं प्रतिपत्तिरित्यर्थः। सा पुनः किं कुशला अकुशला अव्याकृतेत्यत आह।

कुशलाकुशलाद्वया ॥ ८ ॥

कुशला ऽकुशला ऽद्वयेत्यव्याकृ[10a]तापि। अलोभाद्वेषामोहैः संप्रयुक्ता कुशला। लोभद्वेषमोहैः संप्रयुक्ता ऽकुशला। कुशलाकुशलैरसंप्रयुक्ता अद्वया न कुशला नाकुशलेत्यर्थः। सा पुनः कीदृशैश्चैतसिकैः संप्रयुज्यते। कियन्तो वा तत्संप्रयोगिणश्चैतसिका इत्यत आह।

सर्वत्रगैर्विनियतैः कुशलैश्चैतसैरसौ।
संप्रयुक्ता तथा क्लेशैरुपक्लेशैस्त्रिवेदना ॥ ९ ॥

य एते सर्वत्रगा उद्दिष्टास्ते न विज्ञायन्त इत्यतस्तत्प्रदर्शनार्थमाह।

आद्याः स्पर्शादयः

आदौ निर्दिष्टत्वादाद्याः सर्वत्रगा इत्यर्थः। तथा हि।

सदा स्पर्शमनस्कारवित्संज्ञाचेतनान्वितम्।

इति प्रथमतो निर्दिष्टाः। स्पर्श एषामादिरिति स्पर्शादयः। ते पुनः स्पर्शमनस्कारादयः पञ्च धर्माः सर्वं चित्तमनुगच्छन्तीति सर्वत्रगाः। तथा ह्येत आलयविज्ञाने क्लिष्टे मनसि प्रवृत्तिविज्ञानेषु च विशेषेण प्रवर्तन्ते। विनियतानधिकृत्याह।

छन्दाधिमोक्षस्मृतयः सह।
समाधिधीभ्यां नियताः

विशेषे नियतत्वाद्विनियताः। एषां हि विशेष एव विषयो न सर्वः। तत्र छन्दोऽभिप्रेते वस्तुन्यभिलाषः। अभिप्रेते वस्तुन्यभिलाष इति प्रतिनियतविषयत्वं ज्ञापितं भवत्यनभिप्रेते छन्दाभावात्। दर्शनश्रवणादिक्रियाविषयत्वेन यदभिमतं वस्तु तदभिप्रेतं। तत्र दर्शनश्रवणादिप्रार्थना छन्दः। स च वीर्यारम्भसंनिश्रयदान[10b]कर्मकः। अधिमोक्षो निश्चिते वस्तुनि तथैवावधारणं। निश्चितग्रहणमनिश्चितप्रतिषेधार्थं। युक्तित आप्तोपदेशतो वा यद्वस्तु असंदिग्धं तन्निश्चितं येनैवाकारेण तन्निश्चितमनित्यदुःखाद्याकारेण तेनैवाकारेण तस्य वस्तुनश्चेतस्यभिनिवेशनमेवमेतन्नान्यथेत्यवधारणमधिमोक्षः। स चासंहार्यतादानकर्मकः। अधिमुक्तिप्रधानो हि स्वसिद्धान्तात्परप्रवादिभिरपहर्तुं न शक्यते। स्मृतिः संस्तुते

वस्तुन्यसंप्रमोषश्चेतसो ऽभिलपनता। संस्तुतं वस्तु पूर्वानुभूतं। आलम्बनग्रहणाविप्रणाशकारणत्वादसंप्रमोषः। पूर्वगृहीतस्य वस्तुनः पुनः पुनरालम्बनाकारस्मरणमभिलपनता। अभिलपनमेवाभिलपनता। सा पुनरविक्षेपकर्मिका। आलम्बनाभिलपने सति चित्तस्यालम्बनान्तरे आकारान्तरे वा विक्षेपाभावादविक्षेपकर्मिका। समाधिरुपपरीक्ष्ये वस्तुनि चित्तस्यैकाग्रता। उपपरीक्ष्यं वस्तु गुणतो दोषतो वा। एकाग्रता एकालम्बनता। ज्ञानसंनिश्रयदानकर्मकः। समाहिते चित्ते यथाभूतपरिज्ञानात्। धीः प्रज्ञा। सात्रुपपरीक्ष्य एव वस्तुनि प्रविचयो योगायोगविहितो ऽन्यथा वेति। प्रविचिनोतीति प्रविचयः। यः सम्यङ् मिथ्या वा संकीर्णस्वसामान्यलक्षणेष्विव धर्मेषु विवेकावबोधः। युक्तिर्योगः। स पुनराप्तोपदेशो ऽनुमानं प्रत्यक्षं [11a] च। तेन त्रिप्रकारेण योगेन यो जनितः स योगविहितः। स पुनः श्रुतमयश्चिन्तामयो भावनामयश्च। तत्राप्तवचनप्रामाण्याद्यो ऽवबोधः स श्रुतमयः। युक्तिनिध्यानजश्चिन्तामयः। समाधिजो भावनामयः। अयोगो ऽनाप्तोपदेशो ऽनुमानाभासो मिथ्याप्रणिहितश्च समाधिस्तेनायोगेन जनितो ऽयोगविहितः। उपपत्तिप्रतिलम्भिको लौकिकव्यवहारावबोधश्च न योगविहितो नायोगविहितः। एषा च संशय[1]व्यावर्तनकर्मिका। संशय[2]व्यावर्तनं प्रज्ञया धर्मान्प्रविचिन्वतो निश्चयलाभादिति। एते हि पञ्च धर्माः परस्परं व्यतिरिच्यापि व्यावर्तन्ते। एवं यत्राधिमोक्षस्तत्र नावश्यमितरैरपि भवितव्यं। एवं सर्वत्र वाच्यं। उक्ता विनियताः। तदनन्तरोद्दिष्टास्त्विदानीं कुशला वक्तव्या इत्यत आह।

श्रद्धाथ ह्रीरपत्रपा ॥ १० ॥
अलोभादित्रयं वीर्यं प्रश्रब्धिः साप्रमादिका।
अहिंसा कुशलाः

एत एकादश धर्मा इति वाक्यशेषः। तत्र श्रद्धा कर्मफलसत्यरत्नेष्वभिसंप्रत्ययः प्रसादश्चेतसोऽभिलाषः। श्रद्धा हि त्रिधा प्रवर्तते। सति वस्तुनि गुणवत्यगुणवति वा संप्रत्ययाकारा। सति गुणवति च प्रसादाकारा। सति गुणवति च प्राप्तुमुत्पादयितुं वा शक्ये ऽभिलाषाकारा। चेतसः प्रसाद इति। श्रद्धा हि चित्तकालुष्यवैरोधिकीत्यत[11b]स्तत्संप्रयोगे क्लेशोपक्लेशमलकालुष्यविगमाच्चित्तं श्रद्धामागम्य प्रसीदतीति चेतसः प्रसाद उच्यते। सा पुनश्छन्दसंनिश्रय[3]दानकर्मिका। ह्रीरात्मानं धर्मं वाधिपतिं कृत्वावद्येन लज्जा। सद्भिर्गर्हितत्वादनिष्टविपाकत्वाच्च पापमेवावद्यं। तेना-

(1) Ms. शांसय°.

(2) Ms. शंसय°.

(3) Ms. संनिसृग°.

唯識現象學2：安慧

吳汝鈞 著

臺灣學生書局印行

二刷序

《唯識現象學》二版進行在即，臺灣學生書局問我要否改動。我考慮後，並未修改或增補內容，只是改動了一些德文字眼，由在文本中看到的轉爲在字典中看到的。但這是極少數。

此書成立於2001年，出版於2002年，距今已超過十年，期間在國際特別是在日本方面有多種重要成果出現，略舉數種如下：

楠本信道著《〈倶舍論〉における世親の縁起觀》，京都：平樂寺書店，2007。

勝呂信靜著《唯識思想の形成と展開》，《勝呂信靜選集》第一，東京：山喜房佛書林，2009。

兵藤一夫著《初期唯識思想の研究：唯識無境と三性説》，京都：文榮堂，2010。

横山紘一著《唯識佛教辭典》，東京：春秋社，2010。

其中，横山的《唯識佛教辭典》最堪注意，篇幅浩繁，對於重要的唯識名相，解釋詳盡而清晰。

我不擬在拙著的參考書目中補上這些資料，而擬在目前正在撰寫中的《唯識學與精神分析》中作全面的交代。

2012年3月於

南港中央研究院

總 序

《唯識現象學》是一組學術性著書的總名，概括兩本專著：《世親與護法》與《安慧》。

這組《唯識現象學》可以說是我自己在學問與思辯上試煉功力的著書，周旋於佛教唯識學與胡塞爾（E. Husserl）的現象學（Phänomenologie）兩大哲學體系與梵文、藏文、佛教漢文、日文、英文、德文六種語文的古典著作與現代研究成果之間，我已爲它而弄至殫精竭慮了。這組專著基本上是要以現象學作爲參照來剖析世親（Vasubandhu）、護法（Dharmapāla）與安慧（Sthiramati）的唯識學。我這樣做的一個重要理由是唯識學與現象學實在有太多相通的、可相互比較的地方。彼此相顯，雙方都顯得較易理解。當然我不會忽略彼此相異之處。另外一點理由是，印度佛教唯識學向兩個路向發展，護法的唯識學傳入中土，安慧的唯識學傳入西藏，雙方鮮有認眞的對話或遇合（Begegnung）。我現在把它們聚合在一起，作比較研究，再以現象學涉入，對中土讀者理解安慧唯識學，以至增長他們在唯識學方面的學養，不算沒有貢獻吧。實際上，這樣的處理，在現代佛學研究界，即使是在歐美，還是很少見。日本方面更沒有了。

這兩本書各有主題，故可各自成篇。但各主題亦相互關連，故亦可作一個總體看。安慧唯識學的那一部份開始得很早，大概在1980

年前後，我從日本與德國研究完畢回香港，便從有關的梵文本中把哲學的要點整理出來，成一草稿，然後擱下。到最近才重新作現象學的整合，並在適當之處，把安慧與護法的說法作一比較，然後才瞭然兩者的異同。至於世親護法唯識學的那一部份則開始得更早，在1970年我在香港中文大學寫碩士論文時已經細讀世親的《唯識三十頌》與護法的《成唯識論》了；我的碩士論文是有關唯識學的轉識成智問題的研究的，由唐君毅與牟宗三兩位老師指導。1997年至1998年間我在香港能仁書院哲學研究所開講唯識學課程，正是以這兩本著作爲解讀的文獻的，於是有了初稿；我又把《唯識三十頌》從梵文本譯成語體文，和玄奘翻譯的作一對比。再經整理，便成現在的稿本。另外，近年我看完胡塞爾的現象學的主要著作，目的是要透過這套現象學來呈顯唯識學，做一點比較哲學的工作。這便是這組著書的撰作緣起。

對於這兩本書的撰著，我雖然耗費了長久的時間和大量的心血；在著作過程中，常覺疲乏。但還是不很滿意，覺得仍有很多可以改進之處，有些地方可以寫得更好。特別是在語文方面，對於梵文和德文文獻的解讀，我廣泛地參考過很多現代學者的意見，如上田義文、長尾雅人、荒牧典俊、寺本婉雅、李幼蒸、開連斯（D. Cairns）、卡爾（D. Carr）等，但仍覺解讀有不夠周延之處。對於胡塞爾的著作，覺得讀得不夠多。但自己的時間、精力和能力都有限，在生活上還要兼顧其他的事情，如教學、參加學術會議、演講、審查著作、參加其他研究計劃、帶學生寫畢業論文、博、碩士論文，等等，暫時無能爲力了。一切不足之處，希望以後特別是退休後有機會改善。

走筆到這裏，想到自己從事哲學思考與學術研究三十多年，生死相許，弄至筋疲力盡，滿身是病，成就還是有限，不覺惆悵不已。在這些方面，我和自己的老師輩和太老師輩還有一段距離。論廣博，我不能跟唐君毅、西谷啓治諸先生相比；論深密，我不能和牟宗三、久松眞一、服部正明、舒密特侯遜（L. Schmithausen）諸先生相比；論形而上的玄思，我更不能望熊十力先生的背項。特別是想到自己的健康狀況，更無顏面向生我育我但已在泉下的父母交代。最近香港浸會大學頒發一個學術研究表現優異（Outstanding Performance in Scholarly Work）的獎項給我，這種獎項，全校只有三位教學研究人員得到，可見得來不易。有人向我道賀，爲我隨喜，我當然感謝，內心卻感到無限憂傷。我對他們說，對於這個獎項，我是用健康作投注的。我取得有限的學術研究成就，卻失去了健康，這是我的悲劇啊。言下欷歔無已。我來臺灣中央研究院後，很快便獲頒傑出人才講座，比浸會大學的重要得多，總算是一種補償。

最後，我要解釋一下這一組著書的名稱《唯識現象學》（*Phänomenologie des Yogācāra Buddhismus*）的涵義。我在很多著述中提過，現象學不同於現象主義（phenomenalism），後者只表示對現象的純粹描述，沒有價值的、導向的（orientative）或轉化的（transformational）意味，這是一般的現象層次。現象學則不同，它對現象的研究或體會，有導向的、轉化的意味，它是一種價值意義的字眼，對事物的探究，不單著眼於現象的層面，而且涉入它的眞理的、本質的層面，因而具有終極理想的意涵。用東方哲學的詞彙來說，我們對事物從現象的層面直探它的本質、體證它的眞實性相，達到對眞理的覺悟的目標。從存有論來說，用牟宗三先生的字眼來說，現象主義是一種有執的存有論，現象學是一種無執的存有論。這「現象學」有胡塞爾的那種現象學意義，包含相應於本質還原（Wesensreduktion）或現象學還原（phänomenologische Reduktion）的程序；但不限於此，它還有實踐的、修證的意涵。胡塞爾的現象學則是概念的、理論的，不談實踐修證的。

所謂唯識現象學即是從唯識學說爲起點建立起來的一套現象學。它當然講唯識（vijñaptimātra），但更強調唯識的轉化，即轉識成智後的唯智（jñānamātra），以智爲依據而說覺悟，開出現象世界。因此，唯識學所說的「轉依」，特別是護法在《成唯識論》中闡發的「轉識成智」便顯得特別重要。轉依（āśraya-parāvṛtti）即是轉捨虛妄的識（vijñāna, vijñapti），使之變爲或依止清淨的智（jñāna）。這在佛教一般來說，便是覺悟、成佛、得解脫、證涅槃，是宗教的最高目標。這轉依在胡塞爾的現象學來說，便是上面提到的本質還原或現象學還原，由經驗意識（empirisches Bewuβtsein）提升至絕對意識（absolutes Bewuβtsein）或超越意識（transzendentales Bewuβtsein）；而意識所構架的世界，則由不具有明證性（Evidenz）的現實世界提升至具有明證性的有本質（Wesen）爲內涵的現象世界，這是回歸到事物自身的世界。

在這兩本書中所運用的胡塞爾現象學的處理，其中涉及現象學的一切觀念、理論與思想，都是來自拙著《胡塞爾現象學解析》（臺灣商務印書館）中的。因此，對於這些處理或參照，不一一註明胡塞爾著作的出處了。

附帶一提的是，胡塞爾的現象學與唯識學在理論架構與思想方向方面這樣相似，特別是對意識的理解與對意識或識轉出能意、所意與見分、相分（護法系）以開出主體與客體的構思的不謀而合，雙方卻沒有歷史性的往來，實令人驚異不已。唯識學的論師早出胡塞爾超過一千年，自然未聞他的現象學。而在胡塞爾的主要著作中，又未見提及佛學，更遑論唯識學，雙方的哲思可以有這樣深刻的溝通，所謂「神交」也。日前承在香港科技大學人文學部研究唯識學的博士生劉宇光先生相告，胡塞爾曾認識一個在德國研究的日本學者Junyu Kitayama，後者寫了一篇有關世親和唯識學派的形上學的論文（應該是學位論文）。劉先生並給我一份該論文的影印本，題爲 "Metaphysik des Buddhismus: Versuch einer philosophischen Interpretation der Lehre Vasubandhus und seiner Schule"（佛教形上學：世親和他的學派的義理的哲學性詮釋，Stuttgart-Berlin: Verlag von W. Kohlhammer, n. d. Reprinted by Chinese Materials Center, China, 1983）。文中（S. 143）以絕對意識（absolutes Bewuβtsein）相當於阿摩羅識（智）（無垢識amalajñāna），顯然是受到胡塞爾的意識現象學（Phänomenologie des Bewuβtsein）的影響。論文成於上世紀三〇年代初期，其時胡塞爾還健在。這位北山（Kitayama）先生大概是歷史性地溝通胡塞爾現象學與世親唯識學的第一道橋樑了。

2001年春於香港九龍塘筆架山寓所

別　序

這是繼《唯識現象學１：世親與護法》而寫的書，前者論述世親（Vasubandhu）與護法（Dharmapāla）的唯識學，這本書則是專研安慧（Sthiramati）的唯識學的，兩者都是將唯識學作哲學特別是現象學的處理。有關唯識（vijñaptimātratā）這一學派的重要人物、典籍、概念、理論以至現代學者的有參考價值的研究等等事項，我在《唯識現象學１：世親與護法》中的緒論部份闡述過了，而其他很多有用的學術研究，也在該書有關地方提及。關於這些方面的事情，在這裏便不再重贅了，請讀者多參考該書的緒論部份。對於目前這部書，我不寫緒論了。

不過，有些重要的問題還是需要一再強調的。唯識學的理論體系要到世親才眞正確定下來，這主要表現他的晚年的也是最重要的著作《唯識三十頌》（*Triṃśikā-vijñaptimātratā-siddhi, Triṃśikāvijñaptikārikā*）中。他以後的兩大宗師安慧與護法對於這部著作的不同的詮釋，便成就了兩支理論與方向都有不同的學說，分別向不同的地方發展。護法的詮釋由玄奘整理，翻譯成《成唯識論》（*Vijñaptimātratāsiddhi-śāstra*），傳到中國。安慧的詮釋則未爲玄奘所特別留意，卻傳入西藏，這便是所謂《唯識三十論釋》（*Triṃśikāvijñaptibhāṣya*）。中土人士講唯識學，都是依護法那一套來講，安慧的唯識學則由於沒有漢譯而乏人問津。他們所理解的世親的唯識學，也基本上是由護法的《成唯識論》反映出來的。實際上，日本和西方的佛學研究界幾乎已有一個共識，認爲安慧的唯識學較接近世親的原意，護法的唯識學反而不那麼接近，這便展示出中土人士在依護法來理解世親的唯識學上的偏差，一千多年來都是如此。這對於關心唯識學的人來說，無疑是一件很惋惜和遺憾的事。不過，這並不表示安慧的唯識學較護法的唯識學優越些。無寧是，從胡塞爾（Edmund Husserl）的現象學（Phänomenologie）的立場來說，護法唯識學的理論架構是較爲周延的。關於這點，我們在書中討論到有關問題和觀念，特別是識轉變（vijñāna-pariṇāma）一觀念時，會清楚地展示出來。

關於識轉變觀念，我想在這裏順便多說一些，以補書中所說的不足，同時也可例示安慧的《唯識三十論釋》梵文本的發現對我們理解安慧唯識學的眞相的重要性。安慧對識轉變的定義或詮釋，如本書中所述，是識「在因的剎那滅去的同時，有與它相異的果得到自體生起」。（參看書中討論安慧解《唯識三十頌》第一頌部份的第二節〈安慧對識轉變的詮釋〉）這是安慧在其《唯識三十論釋》梵文本中的意思。他沒有提見、相分，在整本《論釋》中也沒有提及見、相二分。他對識轉變的理解，是識在前後剎那間的轉變。護法在其《成唯識論》中則以識變現見、相二分來說識轉變。如識「轉似二分」（《大正藏》31・1 a~b）、「內識轉似外境」（《大正藏》31・1b）。護法的這種說法，是研究唯識學的人都會知道的。兩人對世親的識轉變觀念的理解的不同處，便在這裏。一說識在前後瞬間的變化，另一則以識變現見、相二分來說。但窺基在他解讀《成唯識論》而寫的《成唯識論述記》一書中，在識轉變這一問題上，卻提出二人都以識變似見、相二分來說。這便在重要的問題或觀念上，混同了二人的思想。他提護法有見、相二分之說，不必討論了。但他也認爲安慧也有見、相二分的說法。如他在其《述記》中說：

> 安惠解云：何名轉變？謂是三識自體皆轉，變似見、相二分。識自體分名爲轉變。轉變者，變現義，即識自體現似二相。（《大正藏》43．487a）

他在同書中又說：

> 安惠云：所變見分、相分，皆計所執。見似能取相，相似見所取。（《大正藏》43．487a）

安慧在他的梵文《論釋》哪有這樣說呢？窺基以安慧提見、相二分來說識轉變，到底根據甚麼文獻呢？或聽誰說的呢？呂澂在這方面也提過質疑。這清楚地反映出文獻不足對學術研究的流弊。法國學者李維（Sylvain Lévi）在尼泊爾發現安慧的《唯識三十論釋》的梵文本，對理解安慧系的唯識學來說，顯然有重大意義。（關於李維的發現，請參閱《唯識現象學１：世親與護法》的〈緒論〉部份。）

這意義在於，這讓我們確定地理解安慧與護法的不同的唯識路向。安慧重視識在前後瞬間的轉變，並不太重視境或事物的形象，也不太強調事物的形象與識的緊密不可分的關係，這事物的形象爲相分所概括，安慧並沒有提相分。（也不提與相分相對比的見分。）因而安慧並不太有後期唯識學派所強調的對象源於心識說的傾向，所謂有形象識論（sākāra-vijñānavāda）。而對於存在的生成與變化，安慧也不傾向於提出一種宇宙論式的陳述（cosmological description），因他不提識轉似、變似或變現見、相二分。他反而有清淨心的傾向，以心來說無漏界，以心不具有迷執的力量或因素。護法則不同。他明確地提出識轉似見、相二分。這轉似即是變似、變現，它是由梵文pratibhāsa譯過來的，西藏文則作Snaṅ-ba，有生成、變化的意味。護法說識轉似見、相二分，明顯地有以宇宙論的陳述來交代存在的生成與變化的意味。他的說法也很有有形象識論的傾向，以對象源於心識，因他以相分由心識所轉似而出，相分來自心識，不來自外界。倘若與胡塞爾的現象學作比較，則我們可以說，護法的識轉似見分與相分以開出主體世界與客體的存在世界的構思，極其類似現象學的意識（Bewuβtsein）開出能意（Noesis）與所意（Noema），以意向性（Intentionalität）指向以至構架對象世界，以能意與所意分別概括主體與客體的構思。不過，現象學並未積極提出相應於「轉似」的說法，故不大有以宇宙論式的陳述來交代存在的生成與變化的意味。至於安慧，由於他不提見分與相分，因而不大有上述現象學的那種意識構架對象的構思。這點很重要。他的思想未如護法的思想那樣接近現象學。至於說他較能把握和傳達世親原意，如很多現代學者所說，那是另外一個問題。

以上展示了在識轉變的見分、相分問題上，窺基混同了安慧與護法的流弊。不過，窺基在這問題的另一面，又分別二人的不同見解。他在《成唯識論述記》中說：

> 安惠解云：……二相即所執故，即遍計執似依他有。（《大正藏》43．487a）
>
> 護法云：前所變中，以所變見分名爲分別，是依他性；能取

於所變依他相分故。（《大正藏》43·487a）

這是說，安慧以見、相分爲遍計執，護法則以見、相分爲依他起。但窺基在根本問題上誤解了安慧，以他有見分與相分的分法，則在這裏說二人對二分的不同理解，便顯得完全沒有意義了。

安慧的《唯識三十論釋》梵文本的發現還有一附帶的意義，因它內裏附有世親《唯識三十頌》的梵本。我們通常解讀這部重要論著，都是依據玄奘的翻譯。通過這部梵本，可以看到玄奘的翻譯對原典很有一些乖違之處。無可置疑，這《三十頌》的梵本可讓我們對世親的唯識學有更精確的理解。這在我的另一書《唯識現象學１：世親與護法》中有詳盡的交代。

現在我們回到本書的撰著方面來。我們先談撰著的路數。我們並不採用翻譯與解讀的方式，而採用分析研究方式。原因一方面是目前已有很多安慧解《三十頌》的《唯識三十論釋》（此書以下簡稱《論釋》）的現代語譯本，如在本別序後面所示。因此我覺得沒有再把這《論釋》再翻譯一次，然後進行解讀的必要。另外，由於已有了護法唯識學的解讀作爲基礎，我們可以採取較爲深入的、專門的方式，以哲學分析和現象學比較把安慧的唯識學從梵文本中勾劃出來，看它的問題重點所在，並在適當的地方與護法的唯識學作對比，以看兩大家對世親唯識學的理解與發揮的異同之處。我覺得這樣做會更有意義，也更有挑戰性。不過，我論述和估量安慧的唯識學，基本上是以純哲學的角度著眼，以問題與觀念爲主，獨立地研究安慧；並不特別就他與護法的關連方面來選取研究的題材。當然我在這裏的研究，有很多重要方面還是可與護法比較的。關於這點，希望讀者垂察。

這部份研究的步驟，仍然是參照上一部份，先把《三十頌》的梵文本與玄奘的漢譯列出，然後對安慧的《論釋》進行哲學與現象學的論述與省思。關於文獻方面，自然是以李維（Sylvain Lévi）出版的梵文*Triṃśikāvijñaptibhāṣya*（以下省稱*Bhāṣya*）爲依據，再以下面幾本現代語譯爲參照：

1. 寺本婉雅著：《梵藏漢和四譯對照安慧造唯識三十論疏》，西藏傳聖典譯註佛教研究第三輯，1933.（以下省作寺本）
2. 荒牧典俊譯：《唯識三十論釋》，長尾雅人、梶山雄一監修：《大乘佛典15：世親論集》，東京：中央公論社，1976, pp. 31-190.（以下省作荒牧）
3. 宇井伯壽著：《安慧護法唯識三十頌釋論》，東京：岩波書店，1990, pp. 3-155.（以下省作宇井）
4. K. N. Chatterjee, *Vasubandhu's Vijñapti-Mātratā-Siddhi with Sthiramati's Commentary* (Text with English Translation). Bhadaini, Varanasi: Kishor Vidya Niketan, 1980, pp.27-134.（Hereafter as Chatterjee）

關於世親的*Triṃśikāvijñaptimātratāsiddhi*（《唯識三十頌》），以下則省作*Triṃśikā*。在這幾種現代語譯中，寺本譯本典雅簡潔，忠於原文，但有多處欠清晰。查達智（K. N. Chatterjee）譯本鬆散，喜用現代哲學詞彙。荒牧譯本最好，忠於原典，文字流暢，可讀性高。荒牧本人的梵語修養深湛，他曾把無著的《攝大乘論》還原成梵文。宇井譯本則是以對比著護法的《成唯識論》的現代語譯出之，章節分明。

實際上，安慧《論釋》的現代語譯很多，除了上面我所參考的外，還有李維的法譯、耶哥比（H. Jacobi）的德譯、高楠順次郎、荻原雲來、明石惠達的日譯（明石譯本是未完稿）和霍韜晦的中譯。另外，呂澂又有〈略抄〉，選譯安慧《論釋》的重要部份。

又文中闡述安慧的意思，只列李維本《論釋》的頁碼，如「*Bhāṣya*, p.3」表示安慧的*Triṃśikāvijñaptibhāṣya*第三頁。若引述《論釋》原文或筆者的中譯，在一些關要的部份，會進一步連行碼也列出來。如「*Bhāṣya*, p.3, l.5.」表示安慧的*Triṃśikāvijñaptibhāṣya*第三頁第五行。如「*Bhāṣya*, p.3, ll.5-7」，則表示安慧的*Triṃśikāvijñaptibhāṣya*第三頁第五行至第七行。請讀者留意。

又世親的《三十頌》梵文原文與玄奘的翻譯在一些地方不完全相應，特別是說到心所的地方。我們在《唯識現象學１：世親與護法》中解讀護法唯識學的次序，是以玄奘對《三十頌》梵文偈頌的翻譯爲準。在這裏闡釋安慧唯識學，爲便於與護法作比較，亦依玄奘翻譯的次序，一頌一頌地進行。其方式是先以哲學分析的方式闡述偈頌的義理；然後在相關處與護法比較，評述兩人思想上的異同；最後以胡塞爾的現象學爲參照，作一省察。總的研究方法，亦如《唯識現象學1：世親與護法》那樣，以文獻學與哲學分析雙軌並進的方式進行。有關這種方法的性質、運用與優點，請參閱該書別序，這裏不擬重贅。

這部《唯識現象學２：安慧》撰著完畢，有如釋重負之感。它有三個特點：一是以哲學分析方法和依梵文原典闡述安慧的唯識學；二是將安慧的唯識學與護法的唯識學作全面的、深入的比較，平章二人唯識思想的異同與理論價值；三是對安慧唯識學作現象學式的省思。在國際佛學研究界，這樣研究安慧唯識學，恐怕還是首次。一般都只是翻譯頌文和作一些評述而已。我的這種寫法，自然拖長了撰作過程，而且工作也顯得非常艱辛，精力幾乎耗盡。

對於這部著作的評價，我自己不便提出意見，這要讓高明的讀者來做。站在作者的立場來說，總是希望能把書寫到最好。實際上，我的確覺得這本書難度高，寫得不夠理想，應該可以寫得更好的。它的不足，起碼有以下兩點。

一、我的梵文學養不足夠，很多時需要參考上面提到的別人的現代語譯。二、安慧的《唯識三十論釋》的藏文翻譯*Sum-Cu-Paḥi bÇad-pa*明確暢順，有幾個版本，我曾依其中藏於丹珠爾部（bStan-Gyur）的北京赤字版（Si. Lviii. p. 170a~201b）與梵本對校，並依調伏天（Vinītadeva, Dul-Baḥi Lha）的《三十論細註》（*Triṃśikāṭīkā, Sum-Cu-Paḥi ḥGrel-bÇad*，或作《唯識三十論疏釋》；Si. Lviii. p. 170a~201b）作比照。但由於精力虛耗太多，時間不足，健康不好，有腰病與癌病背景，我閱讀藏文又太慢，只做了三分之一左右，便被逼放棄了。這是很可惜的。但目前已無能爲力了，希望以後有機會能補看藏譯，我更希望能參考更多有關安慧思想的現代研究成果，使自己的研究做得更好。這恐怕要待自己退休以後才能如願了。我更希望年輕的研究佛學和現象學的朋友能沿著我的這個方向，更上層樓，在唯識學與現象學的會通方面，開拓廣大的思想空間。

略語表（Abbreviations）

大	《大正新修大藏經》
《成論》	護法等著、玄奘譯《成唯識論》，大31 · 1a~59a.
《述記》	窺基著《成唯識論述記》，大43 · 229a~606c.
《三十頌》	世親著、玄奘譯《唯識三十頌》，大31 · 60a~61b.
Triṃśikā	Sylvain Lévi, *Vijñaptimātratāsiddhi,* deux traités de Vasubandhu, Viṃśatikā accompagnée d'une explication en prose et Triṃśikā avec le commentaire de Sthiramati, Paris, 1925, pp. 13-14. (*Triṃśikāvijñaptimātratāsiddhi*)
《論釋》	安慧著《唯識三十論釋》（無漢譯）
Bhāṣya	Sylvain Lévi, *Vijñaptimātratāsiddhi,* deux traités de Vasubandhu, Viṃśatikā accompagnée d'une explication en prose et Triṃśikā avec le commentaire de Sthiramati, Paris, 1925, pp. 15-45. (*Triṃśikāvijñaptibhāṣya*)
寺本	寺本婉雅著《梵藏漢和四譯對照安慧造唯識三十論疏》，西藏傳聖典譯註佛教研究第三輯，1933.
宇井	宇井伯壽著《安慧護法唯識三十頌釋論》，東京：岩波書店，1990.
荒牧	荒牧典俊譯《唯識三十論釋》，長尾雅人、梶山雄一監修《大乘佛典15：世親論集》，東京：中央公論社，1976, pp. 31-190.

Chatterjee　K. N. Chatterjee, *Vasubandhu's Vijñapti-Mātratā-Siddhi* with Sthiramati's Commentary (Text with English Translation). Bhadaini, Varanasi: Kishor Vidya Niketan, 1980, pp.27-134.

長尾　長尾雅人著《中觀と唯識》，東京，岩波書店，1978.

橫山　橫山紘一著〈世親の識轉變〉，平川彰、梶山雄一、高崎直道編集《講座大乘佛教8：唯識思想》，東京：春秋社，1982, pp. 113-144.

上田　上田義文著〈Vijñānapariṇāmaの意味〉，《鈴木學術財團研究年報》，1965, pp. 1-14.

武內　武內紹晃著《瑜伽行唯識學の研究》，京都：百華苑，1979.

唯識現象學 2 ：安慧

目　錄

一、第一頌

【梵文本】ātmadharmopacāro hi vividho yaḥ pravartate/
vijñānapariṇāme 'sau pariṇāmaḥ sa ca tridhā//

【梵本語譯】不管實行哪些種種的我、法的假說，實際上，這只是在識轉變中。同時，這轉變有三種。

【玄奘譯本】由假說我法，有種種相轉，
彼依識所變，此能變唯三。（大31・60a）

這首偈頌的主要問題是「識轉變」或「識所變」（vijñāna-pariṇāma）。在這一點上，安慧與護法的詮釋有嚴重分歧，而對安慧的詮釋，例如甚麼東西在轉變、轉變的因果是同時抑異時，甚至轉變（pariṇāma）這一概念的意義，現代學者特別是日本方面的也有不同意見。而識轉變在世親原偈中是甚麼意思，都是需要仔細探討的。對於這些問題，我們以下分多點來討論。

一、世親論識轉變的原意

在《三十頌》中，識轉變一說法在第一首與第十八首中都有出現。世親的意思，表面看來，是識在轉變，不會停留不動。在第十八頌中，世親更就第八阿賴耶識來說，所謂「一切種子識」（sarvabījaka-vijñāna）。[1]第一頌中的識轉變的意思很簡單，它是說作爲能變的識，包括阿賴耶識、末那識、意識和其他感識，都依識的轉變而得成立。第十八頌的識轉變的意思則比較複雜，它指作爲一切種子識的阿賴耶識的轉變。具體地說，是阿賴耶識中的種子在轉變，由潛存狀態（potentiality）而起現行，變成實現狀態（actualization），即變爲識，而生起種種分別活動。種子是業或行爲（karma）的結果，藏於阿賴耶識中，刻刻不停地生長，發展成具體的心識活動，開出心靈、精神（心）和具體的事物（境），亦即心靈現象與事物現象。

就文獻學特別是文法一點言，第一頌的前半部有pravartate（生起）字眼，這是指我與法的假說的生起，跟著後半部即提出vijñānapariṇāma（識轉變）字眼。其關係是，我與法的假說的生起是以識轉變爲歸依的。pravartate的語根爲pravṛt，是開始、實施之意。這個意思正與pariṇāma相應，後者是轉變、變化的意思。即是說，要有識的轉化、變化，才有我、法等東西的生起。[2]世親的意思顯然是，我、法等現象性格的東西，要依識的轉變才能成立。而我、法只是假說、只是現象，世親未有說它們具有實在性（reality）。

這裏有一點値得注意，依世親，我、法的假說的成立，不是籠

1　關於第十八頌的梵文本、梵本語譯和玄奘譯本，參看下面詮釋到這一偈頌部份。

2　長尾雅人也有類似的分析。參看他的《中觀と唯識》，東京：岩波書店，1978, p. 343. 長尾雅人此書以下省作「長尾」。

統地依於識，而是確定地、具體地依於識的轉變，這便顯出識的轉變（pariṇāma）的重要性，它可以說是我、法的存有論的根源。而識的轉變是識的活動，這便有攝我、法等存有歸於活動之意。不過，這是在世俗諦的層面上進行的，不是在勝義諦層面上進行，故沒有理想義、價值義，而這活動亦只是識的、虛妄的東西的活動，不是超越主體性的活動。這裏實藏有爾後唯識學要提轉依、轉識成智的伏線。這識只相當於胡塞爾現象學的經驗意識，不是超越意識或絕對意識（absolutes Bewuβtsein）。

另外一點也是文法上的問題。第一頌中相應於識轉變的梵文作vijñānapariṇāme，那是vijñānapariṇāma的處格（locative），表示在識轉變的場合的意思，即是把我、法的施設或假說，視爲發生於識轉變這種場合中之意。這樣，識轉變便有處所、場域的意涵。這意涵使人想起京都哲學的西田幾多郎的場所觀念。不過，西田的場所是最高主體活動的處所，是意識空間，是具有終極實在意味的絕對無的理境。在這場所中，每一存在的事物都能以在其自體或物自身（Ding an sich）的方式自由自在地遊息於其中，而互不相礙，而構成一種圓融無礙的關係。最主要的是，在場所中的事物，不是現象，而是物自身。[3]但在識轉變中施設的我、法，都只能是現象，

---

3 關於西田哲學的場所觀念，參看拙著《絕對無的哲學：京都學派哲學導論》，臺北：臺灣商務印書館，1998, pp.19-21. 又日本學者橫山紘一直以「場」來說識轉變，視之爲實施我與法的假說的場所。這亦與我們提到的文法問題有關。參看橫山紘一著〈世親の識轉變〉，平川彰、梶山雄一、高崎直道編集《講座大乘佛教8：唯識思想》，東京：春秋社，1982, p. 126. 橫山紘一此文以下省作「橫山」。

呈現於我們的感官和知性面前，不能作物自身看。特別是依護法的《成論》的思路下來，識轉變表示識轉化成見分與相分，而見分了別相分，執取之，以爲有自性可得。這見分與相分相當於我、法，它們都是現象，不是物自身。

日本學者橫山紘一對世親的識轉變思想做過仔細的研究，他總括這思想爲以下三點：

1.轉變即是分別。
2.轉變即是阿賴耶識中的種子變化成長。
3.轉變即是由作爲因的種子生起諸識，而諸識又以分別作用形成諸法。

橫山特別指出，對於識的一切活動是以「轉變」一詞來作總稱的。他似是表示「識轉變」（vijñāna-pariṇāma）一複合詞便是這樣形成之意。[4]他的幾點意思，可綜合爲：世親識轉變表示阿賴耶的種子變化成長而成爲轉識，諸識又以分別作用而形成諸法。這諸法合起來即是現象世界。這個意思與筆者上面提出來的很相近。

後來護法、窺基他們即依據世親的這個意思繼續發揮，他們把世親的意思概括爲種子生諸法或現行，又按義理脈絡提出現行熏習種子，因而以種子形式藏於阿賴耶識中，又提出在阿賴耶識中的種子依種子六義特別是剎那滅與恆隨轉二義而轉生另外的種子，這即是種子生種子。[5]

---

4 橫山，p. 134.

5 平心而論，識轉變的重要性，在表面上可先從護法的詮釋系統中表現出來。

二、安慧對識轉變的詮釋

上面我們處理了世親對識轉變的理解的問題。由於世親的理解

他以識變現見分和相分來說，由此成立我與法，或主體與對象，而構成整個現象世界。由是萬法由識而來或萬法唯識的哲學立場得以奠立。這種詮釋亦很能與胡塞爾的意識現象學相應。後者依意識的意向性（Intentionalität）而開出能意（Noesis）與所意（Noema），而成立主體世界與對象世界。

這裏還有一個問題堪注意。這需先從翻譯一點說起。玄奘譯的唯識典籍，包括《三十頌》在內，都是譯識爲「能變」，而眞諦（Paramārtha）譯的典籍，則以識爲能緣。能變與能緣的偏重不同：能變主要是存有論甚至宇宙論意味，能緣則主要是認識論意味。上田義文也提到，世親以前的唯識說表示能緣的識與所緣的境的關係的概念，不是pariṇāma（變現），而是pratibhāsa（似現）。在《大乘莊嚴經論》、《中邊分別論》、《法法性分別論》、《攝大乘論》中，說到一切法只是識這一意思時，都是用pratibhāsa字眼，而不是用vijñānapariṇāma字眼。他以爲由此可以推知，這些書說識，是能緣的意思，不是能變的意思。最低限度，就玄奘譯以外的書來說，識不是能變的意思。（上田義文著〈Vijñānapariṇāmaの意味〉，《鈴木學術財團研究年報》，1965, p.1. 此文以下省作「上田」）

上田所說，甚值得注意。就世親《三十頌》（*Triṃśikā*）的第一頌原文看，其中的「pariṇāmaḥ sa」，玄奘即譯爲「此能變」（此能變唯三）。（大31·60a）眞諦《轉識論》（這是眞諦對*Triṃśikā*的漢譯）則作「能緣」。（大31·61c.）就我自己的看法來說，pariṇāma（轉變）與pratibhāsa（似現）都有存有論以至宇宙論的意味。pariṇāma是轉變出諸法，pratibhāsa是似現諸法。認識論的意味是比較淡的。唯識的典籍，如上面提到的，不管是用pratibhāsa也好，用pariṇāma也好，都有濃厚的存有論、宇宙論意味，眞諦譯pratibhāsa爲能緣，並不算恰當，不能充分顯出識的存有論、宇宙論意味，卻偏向認識論意味。但識的認識論意味並不濃厚。上田說他舉的書說識，是能緣意思，不是能變意思，這說法也不算恰當。

關於這點的分別，也可幫助我們理解世親言識轉變的意味。

過於省略，因此留下很大的詮釋空間，讓人對世親言識轉變生起種種思維和解釋。其中最爲人所留意的，也是差異很明顯的，便是護法和安慧的詮釋。關於護法的詳細的詮釋，和安慧的簡短說法，我們在《唯識現象學１：世親與護法》中已作過了。在這裏，我們要對安慧的詮釋作詳細的探討，以顯出它與護法的不同，這也可以看到兩個重要論師的唯識思想的不同取向。

首先，關於識轉變中的「轉變」（pariṇāma）的意思，長尾雅人在他的《中觀と唯識》一書中的〈安慧の識轉變說について〉有周詳的說明。他從印度哲學的數論（Sāṃkhya）說下來，經佛教世親的《俱舍論》（*Abhidharmakośabhāṣya*）、《唯識二十論》（*Viṃśatikāvijñaptimātratāsiddhi*）以迄護法的《成論》和安慧的《唯識三十論釋》（*Bhāṣya*），歷述種種不同的說法。現在我們集中於安慧的《唯識三十論釋》（以下省作《論釋》）方面。

安慧解識轉變的原文是這樣：

> kāraṇakṣana-nirodhasamakālaḥ kāraṇakṣaṇavilakṣaṇaḥ
>
> kāryasyātmalābhaḥ pariṇāmaḥ /（*Bhāṣya*, p.16, ll. 1-2）

我的翻譯是：

> 轉變即是在因的剎那（kāraṇa-kṣaṇa）滅去的同時，有與它相異的果（kārya）得到自體（ātman）生起。

其意思是，在這種（識的）轉變中，作爲因的我、法分別的習氣不斷增長它的勢力，在阿賴耶識中形成關於作爲果的我、法的假構或構想，但它們有儼如是與構想不同的另外的東西（按這應是指就對純然是構想的東西的執取說，這便是「相異」）。這樣的假構的存在，是無始時來便有的。[6]安慧繼續特別指明，這些構想的東西，決不是別有實在的自體的存在。（*Bhāṣya*, p.16；荒牧，p.37）這裏所說的構想是現代的詞彙，傳統的說法是分別，是虛妄分別。

在解釋《三十頌》第一頌的「此能變唯三」句的意思時，安慧再提到識轉變中的「轉變」的意思。他以爲所謂轉變，可就作爲原因的力動與作爲結果的力動來說。（*Bhāṣya*, p.18；荒牧，p.48）這作爲原因的力動，即是因相，或因能變（hetupariṇāma）；而作爲結果的力動，即是果相，或果能變（phalapariṇāma）。這兩者應是不同。關於作爲原因的力動或因能變，安慧說：

> tatra hetupariṇāmo yālayavijñāne vipākaniṣyandavāsanā=paripuṣṭiḥ/（*Bhāṣya*, p.18, ll. 6-7）

關於作爲結果的力動或果能變，安慧說：

> phalapariṇāmaḥ punar vipākavāsanāvṛttilabhād ālayavijñānasya pūrvakarmākṣepaparisamāpta yā nikāyasabhāgāntareṣv abhin=irvṛttiḥ / niṣyandavāsanāvṛttilabhāc ca yā pravṛttivijñānānāṃ kliṣṭasya ca manasa ālayavijñānād abhinirvṛttiḥ /
>
> （*Bhāṣya*, p.18, ll. 7-10.太長的梵文表述，我作了適度的分拆）

對於這兩段文字，我們略述其大意如下。安慧以爲，這作爲原因的轉變的力動與作爲結果的轉變的力動，可關連著阿賴耶識（ālaya-

6 *Bhāṣya*, p.16；荒牧，p.37. 我的解釋，參考了荒牧典俊的意見。

vijñāna）來說。在阿賴耶識中，有兩種潛勢力不斷增長（paripuṣṭi），這即是異熟習氣與等流習氣，或異熟與等流兩種種子。這作爲原因的轉變的力動，可就這兩種種子說。至於作爲結果的轉變的力動，則比較複雜。當過去世的善、惡業的牽引終了時（亦即是眾生死亡時），阿賴耶識的異熟習氣或種子開始現勢化或現起，阿賴耶識即依此而在另外的眾生類型中生起（abhinirvṛtti）。在這當中，由於種子不斷現起，因而也生起染污的末那識和六轉識。（*Bhāṣya*, p.18；寺本，pp.27-28；荒牧，pp.48-49）故這原因是種子，結果則是現行識。

按安慧在這裏把識轉變的因果關係，移到阿賴耶識中的習氣或種子的變化方面來說，即以種子爲因（hetu），通過它的現行，使阿賴耶識持續下來，而以果（phala）的形式轉生到下一個世代或眾生的下一期生命中。即是說，識轉變表示以種子爲因，轉變成現行的識，而歸結到阿賴耶識的轉生到下一期生命體。這點反映出安慧對第八阿賴耶識有特殊興趣。本來種子與現行的關係，可以只是一般的說法，不必要特別指涉阿賴耶識。安慧多涉阿賴耶識，顯示他的唯識思想的宏觀性格，企圖以識轉變貫串到生命的延續的脈絡中。

在這點上，日本學者武內紹晃採取比較保守的說法，他認爲在安慧的《論釋》中，轉變分因、果兩面。因轉變或因能變指轉變的因或種子，這即是現行熏種子。果轉變或果能變指轉變的果或現行識，這即是種子生現行。[7]武內的這種說法，是要把安慧與護法的距離拉近。護法論識轉變，未有特別重視阿賴耶識，卻熱衷於對因、

---

7 武內紹晃著《瑜伽行唯識學の研究》，京都：百華苑，1979, p.193. 此書以下省作「武內」。

果轉變作細微的探討，重視種子或習氣的等流與異熟的內容和相互間的區別。

這種以現行熏種子、種子生現行來解釋因能變與果能變在《成論》中，確有文獻上的根據。《成論》說：

> 能變有二種。一、因能變，謂第八識中等流、異熟二因習氣。等流習氣由七識中善、惡、無記熏令生長，異熟習氣由六識中有漏善、惡熏令生長。二、果能變，謂前二種習氣力故，有八識生，現種種相。（大31・7b~c）

《成論》的意思是，因能變是現行識熏生種子，果能變是種子生現行識。上田義文也指出，護法在解釋因能變的文字中，並沒有說到種子生現行，卻說到現行熏種子。而種子生現行的說法則在解釋果能變的文字中出現。他引述鈴木宗忠（《唯識哲學研究》pp.228-229）的說法謂，據《成論》，因能變即現行熏種子，果能變即種子生現行。[8]按在《成論》，因能變指作爲因的種子而言，它有能變的作用。果能變則指作爲果的現行識而言，它也有能變的作用。一般人易了解因能變爲種子轉變爲現行，果能變爲現行熏成種子。《成論》以現行熏種子說因能變，以種子生現行說果能變，實是從作爲因的種子與作爲果的現行的成立的角度說。即是，種子的成立，在於現行識的熏習，而現行識的成立，則在於種子的生長。

從上面闡釋安慧與護法對識轉變的理解，我們可以看到，護法的說法比較緊密而確定，安慧的說法比較遊移開放。兩人都有因轉

8 上田，p.9.

變與果轉變，或因能變與果能變的分法。護法用能變字眼，安慧則用轉變字眼。護法的確定說法是，因能變是現行識熏生種子，果能變則是種子生現行。安慧則以因轉變爲種子不斷生長、發展，果轉變則是種子成爲現行識，最後助長阿賴耶識的轉生至下一生命世代。

關於安慧的識轉變思想，我們可以作進一步的闡發，以展示安慧思想的彈性與靈活性。他所說的因轉變，指異熟種子與等流種子的生長。種子即是習氣（玄奘喜譯bīja爲習氣），而習氣與熏習在梵文來說，都是vāsanā。故習氣或種子必是就熏習而言，即是說，熏染種子，使它不斷發展、生長（paripuṣṭi）。這亦是等流因與異熟因的生長。但他對因轉變有彈性的說法，表示在七識現行時，在阿賴耶識中生起作爲結果的等流種子與異熟種子，這便是因轉變。因此，在安慧來說，因與果同時可說種子：就種子是生起將來的七識現行而言，是因；就種子是七識現行熏習阿賴耶識而得成言，是果。

至於果轉變，則可分兩面來說。第一面集中於異熟習氣方面，生起阿賴耶識，故這是異熟轉變。所謂異熟（vipāka），是依善、惡因而生無記果。果與因在性質上不同，故爲異熟。異類而熟也。異熟習氣的結果，是阿賴耶識的生起（abhinirvṛtti）。這阿賴耶識即是異熟果。而阿賴耶識反過來，又是一切雜染法種子的住處（sthāna），是一切法透過其果性（種子作爲果的果性）而被執藏起來的依處（āśraya）。

果轉變的第二面則主要涉及等流習氣的活動方面。即是，恆常地有思量作用的末那識與六種了別境識，作爲等流果，依止阿賴耶識而生起。其中尤應注意的是末那識，它一方面依於阿賴耶識而生起，又以阿賴耶識爲執持的對象，與遍行、大煩惱心所相應，但保持有覆無記的性質。[9]

在識轉變思想方面，安慧與護法最大的不同處自然是護法以識變現相分與見分來說識轉變，安慧則未有這兩分的分法。他只環繞著識與種子滅去的同時有相異的果生起來說識轉變。[10]護法的說法，我們在《唯識現象學１：世親與護法》中詳細交代過了。安慧的說法，則在下面還會繼續討論。

三、關於安慧言識轉變的進一步的探討

在唯識學來說，心（citta）、識（vijñāna, vijñapti）、分別（vikalpa）、轉變（pariṇāma）、識轉變（vijñāna-pariṇāma）常是交互運用的，它們在這唯識的脈絡下，可以說是同義語（paryāya）。識發自心，故識即是心，現代人喜歡心、識連用，而稱「心識」。識的作用是分別，通常是虛妄分別，故識即是分別。虛妄分別依於構想，而識是經過轉變而生分別作用的，故識是識轉變，又是分別。因而唯識（vijñapti-mātra）又是唯識轉變（vijñāna-pariṇāma-mātra）。長尾

9 有關安慧的因、果轉變說的詳細討論，可參考長尾雅人〈安慧の識轉變について〉，《中觀と唯識》，pp.351-354. 我們在這裏也部份參考了長尾的說法。

10 就這一點，長尾雅人便提出我們應分兩層來解讀安慧的識轉變思想。第一層是抽象的綜括。綜括識轉變爲變異性，表示在能作之因的那一剎那滅去的同時，即有與在能作之因的那一剎那狀態相異的所作之果得到自體（按即成立之意）。第二層則涉及具體的世界觀的內容，這即是指異熟識、思量識與了別境識。（長尾，p.348.）

雅人即認爲，唯識性（vijñapti-mātratā）其實即是唯識轉變性（vijñāna-pariṇāma-mātratā）。[11]這顯示出識轉變在了解唯識這一義理或哲學立場上的重要性。

即使是基於這樣的理解，我們還是以爲，到目前爲止，安慧對識轉變的詮釋，透明度還是不夠，還是不夠清晰精確。此中的問題在，就安慧關於識轉變特別是轉變的定義「在因的刹那滅去的同時，有與它相異的果得到自體生起」而言，關於因、果何所指，安慧並未交代清楚，但肯定的是，他強調因果關係，而因與果是相異的。即就此而言，我們的理解的空間還是很寬廣的。在這裏，因果關係最少有四個可能的解釋：

1.因果是現行（識）與現行（識）的關係
2.因果是種子與種子的關係
3.因果是種子與現行的關係
4.因果是現行與種子的關係

就「識轉變」強調「識」這一字眼來說，第2種解釋的可能性較小，第1種解釋的可能性較大。第2種解釋沒有識的直接介入，第1種解釋則因果都以識來說。「識轉變」的直接意思是識的轉變，這最易令人想到識由一狀態轉變成另一狀態，而成因果關係。而轉變後的果仍然是識，只是性質變了。這無論就文字學、義理學的角度來看，都是很自然的、暢順的。若介入種子，問題便變得複雜了。但種子與識的關係如此密切，識可熏習阿賴耶識而成種子，種子亦可現行

11 長尾，p.342.

而成識，也非與識轉變完全無關。說識轉變成種子，也不是沒有道理。這是安慧言識轉變難解的關鍵所在。

另外，識轉變也涉及因與果是同時發生與異時發生的問題。安慧的說法「在因的刹那滅去的同時（samakāla），有與它相異的果得到自體生起」，對於因與果兩端在存在上是同時抑是異時，還未完全清楚（表面上是同時，但這是就生起說，是否便是成立，還未確定）。這益增加問題的複雜性。

以下我們看看日本學者的說法，再加以評論，表示我自己的意見。首先討論異時同時問題。武內紹晃就這個問題，指出我們應注意兩個重點。一、轉變是由能作之因轉變爲所作之果。二、能作因之滅與所作果得自體是同時的。但這「同時」不表示能作因與所作果是同時的，只表示能作因之滅與所作果之生是同時。因此，能作與所作不是同時，二者是無間的次刹那。[12]按說能作因之滅與所作果之生是同時，又不表示能作因與所作果是同時，這是否表示能作因滅去同時即有所作果生起，而所作果生起到所作果成立需要時間呢？而說能作與所作二者是無間的次刹那，又是否表示二者存在於相續的不同刹那呢？武內似有這樣的意思。倘若是這樣，則一個事物的生起與它的成立便不能是同時，而需經過一個歷程（process），這歷程是時間性的。

武內繼續發揮，指根據安慧的定義，在能作因滅去的同時，即有所作果生起。所謂因滅，指因在轉變，現行法變成種子的位態。所謂果生，指果在轉變，法由種子現行起來。由是，法滅去而成爲

12　武內，p.203.

種子的位態與法由種子生起之間是不容有時間的流向（筆者按即是間隙）的。倘若以爲有時間的流向，則刹那滅的法的因果相續便常可有一刹那之微的間斷了，這樣便不能說同時。[13]按說因滅是現行法變成種子，果生是種子變成現行法，這其實是上面引的護法《成論》的意思。只是法滅果生是同時進行的，中間沒有間斷。但上面又說這不表示因果同時，這只能解釋爲果的生起到成立需要一時間歷程。若說某一事物由生起到成立需要一時間歷程，若此事物作現象看，自是可通的。

現在我們還是把識轉變的問題，集中在同時、異時一點上來討論，即在識轉變中，轉變的因與轉變的果是同時出現抑是異時出現的問題。在這點上，武內紹晃表示了上述的意見，但仍有未確定的地方，我們已提了出來。實際上，對於這個問題，日本學者有持相反意見的，雙方各有理據。上田義文傾向因果異時說，長尾雅人、平川彰則持因果同時說。[14]

上田義文認爲：「轉變（是因果）在不同刹那間的相異。」[15]又說：「所謂相異，是前後的不同刹那間因與果的相異。」[16]又表示

13　武內，p.204.

14　上田義文的見解，見於他的《佛教思想史研究》一書及上提的〈Vijñānapariṇāma の意味〉一文中。長尾的見解，見於他的論文〈安慧の識轉變について〉（《宗教研究》新九卷五號，後收入於其《中觀と唯識》一書中），平川的見解，則見於他的《インド佛教史》下卷一書中。筆者手頭並無上田的《佛教思想史研究》及平川的《インド佛教史》下卷二書，他們在這兩書的意見，只能依橫山紘一的《唯識の哲學》一書轉述，請讀者諒察。

15　《佛教思想史研究》，p.389. 轉引自橫山p.141, 註31。

16　上田，p.4.

因的刹那的無（滅）與果的刹那的有（生），是同時的。在這刹那中只有果在，而因已無。一方滅去，在這滅時，他方便生起。這明顯地是橫亙二刹那的關係。[17]橫山紘一因此認爲，上田義文是主張因果異時說的。按上田其實亦似容許同時的因果關係，只是說得不夠清楚而已。[18]

橫山則對上田的異時說法質疑。他提出安慧是以緣起來說識轉變的，並提到安慧曾表示識的緣起性可由轉變一語而知。（*Bhāṣya*, p.16, ll.16-17 橫山以*Triṃśikā*來表安慧的《論釋》。）橫山以爲，由緣起可說因果相續。這二者（按指緣起和因果相續）不必只是因果異時的，亦可是因果同時。但他又以爲，安慧自身在這問題上，持因果是異時抑持因果是同時，並未有清楚的意識。他認爲就安慧對識轉變的定義來說，因果異時與因果同時都是可說得通的。[19]不過，他自己則傾向於因果同時說。長尾雅人與平川彰亦是因果同時說的論者。例如，長尾以爲，就安慧解識轉變爲變異性（anyathātva）來說，因與果不是次第地變異，而是同時變化，因此應是因果同時。[20]

爲了支持他的因果在識轉變中可異時也可同時的說法，橫山引了安慧的一段話爲證：

> tatrātmādivikalpavāsanāparipoṣād rūpādivikalpavāsanāparipo=
> ṣāccālayavijñānād ātmādinirbhāso vikalpo rūpādinirbhāsaśc=

---

[17] 上田義文著《唯識思想入門》，p.148. 轉參考自橫山，p.141, 註31。

[18] 上田，p.4ff.

[19] 橫山，pp.141-142.

[20] 長尾，p.347.

otpadyate/（*Bhāṣya*, p.16, ll. 2-4）

橫山未有譯出這段文字。我在這裏譯出如下：

> 在（這轉變）中，使執著自我的「分別」得以出現的習氣（vāsanā）勢力成長起來（paripoṣa），使執著物質等的「分別」得以出現的習氣成長起來，基於這種情況，顯現自我等的分別（vikalpa）與顯現物質的分別便由（在）阿賴耶識方面生成（utpadyate）了。

橫山以為，這段論轉變的文字包涵兩個過程：

> 1.習氣成長起來，
> 2.分別（vikalpa）由阿賴耶識生起。

橫山認為，「習氣成長起來」是因果異時的過程；「分別由阿賴耶識生起」是因果同時的過程。他的結論是，轉變可有因果異時、因果同時的意思。[21]

現在我們看識轉變中因與果何所指的問題。橫山指出上田以轉變為「前後二剎那間識的相異」。他引上田的一段話謂：

> 依安慧，諸識在現行（在現在剎那中生起）時，這現在剎那的識，與前剎那的識在特質上是相異的（例如前剎那的識是似色的識，現在剎那的識是似聲的識）。這識與前位的識相異，這便是

21 橫山，pp.141-142, 註31。

轉變。[22]

針對上田這一說法，橫山特別提出較少人注意的一點：倘若以前剎那的識爲因，現剎那的識爲果，則前剎那的識並不能說是因緣，而應是等無間緣。筆者按前剎那的識滅去，讓現剎那的識生起，則前

---

22 上田這段話，出於上田，p.11. 按上田在同文的另處，在「（作爲果的）這現在剎那的識與前剎那的識在特質上是相異的」（註：「作爲果的」字眼是筆者所加）這一句（上田，p.11）之外又謂：「果生起」（kārysaya ātmalābhaḥ）即是「妄分別（識）生起」，較詳細說即是，隨著我等等的妄分別的習氣的成熟，和色等等的妄分別的習氣的成熟，似我等等的妄分別和似色等等的妄分別便由阿賴耶識方面生起。（上田，p.4）

上田又舉了些例子。如六識了別境，即是六識在現在剎那中生起，而現在生起的了別，與因的剎那的了別在特質上是相異的。在思量（第七識）和果報（第八識）方面亦是一樣，這些了別，都各各與因的剎那在性質上是相異的。上田因此便說，果在現在剎那中生起即是轉變（pariṇāma，相異之意）。而果生起即是了別境，思量境（筆者按：此「了別」、「思量」應作動詞看），和業的果在現行（筆者按：這指第八識）。上田因此說，這便是識（vijānāti，認識）。（上田，p.4）

按上田這裏似在解釋安慧對轉變（pariṇāma）的定義「在因的剎那滅去的同時有與它相異的果得到自體生起」中的因與果，都是就識而言，而不涉及種子。這在橫山引上田的那段話中明顯地看到。但他在另處（上田，p.11）又提到我和色等的妄分別的習氣的成熟而由阿賴耶識方面生起似我、似色等妄分別，這又有以因爲種子（他用「習氣」字眼），以果爲分別即識的意味。但跟著他所舉的例子，又提到現在生起的了別與因的剎那的了別的相異，這又有以因與果都是就了別或識而言之意。這便顯出他在識轉變的問題上，對前後剎那的因與果何所指一點上的說法不一致。

不過，肯定的是，在果方面，上田認爲是指識而言的。他說果生起即是了別境、思量境和業的果的現行，都是識方面的。這與上面他說果生起即是「妄分別（識）生起」的說法相呼應。但在因方面，他的說法便有參差，有時就識言，有時則就習氣或種子言。

總的來說，我想在安慧的識轉變這問題上，上田是傾向以因與果都是就識而言的。他最後也強調安慧所說的識轉變的識，是能緣之意。（上田，p.4）能緣只能是識，不能是習氣或種子。

識對現識來說，是等無間緣。橫山提的這種說法，即前剎那識不是因緣而是等無間緣，與緣起學說以因緣爲因而生果的原則不符。而安慧自身正是以緣起來說轉變的。橫山的意思顯然是，上田以轉變爲前後二剎那間識的相異的說法有問題。

不過，上田也曾導入種子的概念來解釋，這與我在本節註22舉上田提到習氣問題有相通處。橫山引述上田的話如下：

> 現在的識以種子爲媒介而成爲過去的識的果。現在由過去被因果地規定下來。識的前後的變異，是過去與現在的相異，這是在因果關係中成立的相異。[23]

這種說法，似乎在以因爲習氣或種子，以果爲識一提議之外，亦可以因爲識，以果爲種子。因說「以種子爲媒介而成爲過去識的果」，可表示因是過去的識，果則是種子，過去的識以種子方式、以種子爲媒介而成爲果。故上田的意思是不確定的。而引文後半又提到「識的前後的變異」，則又表示因、果皆以識說了。但對於這引文，橫山有異議。他以爲，由過去的識熏習而得的種子，必有潛伏的階段，這則與安慧的定義「在因的剎那滅去的同時，有與它相異的果得到自體生起」[24]相矛盾。他顯然不同意上田的說法。[25]

另外，就識轉變中因與果的相異一點而言，橫山很強調安慧定義中的「特質的相異」或「相相異」（vilakṣaṇa）的字眼。其實，

---

23 上田義文著《佛教思想史研究》，p.390. 轉參照自橫山，p.141, 註31。

24 橫山譯作「在因（＝過去的識）的剎那滅去的同時，有與因的剎那在特質上相異的果（＝現在的識）生起」。

25 橫山，pp.142-143, 註31。

說到相異，通常都是就特質或相（lakṣaṇa）而言的，不必特別強調。[26]橫山則另有見解。他認爲因與果的「特質的相異」不必是識在內容上的相異，而可以是種子與現行的特質的相異。對於這特質的相異，上田是就識的行相的狀況的相異來了解，如「前剎那的識是似色的識，現在剎那的識是似聲的識」（參看上面註22交代的引文）。橫山認爲，倘若由種子變爲現行的角度看轉變，則亦可解釋爲種子與現行之間的特質的相異。他引述《成論》卷2（大31·9b）言種子六義中的「果俱有」的「現種異類，互不相違」一說法，以種子爲無礙，色法這種現行爲有礙爲例，表示兩者爲異類，兩者相互對反，連合不起來，但卻能同時存在。以此爲例，橫山認爲，對於安慧的「特質的相異」的說法，是可以種子與現行在特質上相異這樣的意思來解釋的。[27]

四、安慧言識轉變的可能涵義與它的現象學的詮釋

在上面，我們就安慧《論釋》的原文對識轉變的意思作了初步的理解，也參考了日本學者在這方面的各種意見。在這裏，我們要對安慧言識轉變在對比著護法的相應說法的脈絡下作一總的省察，並探討它與現象學的關連，特別是它在現象學的思想背景下可以有

---

26 在我的翻譯中，我便沒有特別標明果的「特質」或「相」這一字眼，反而強調果的自體的獲得（ātmalābhaḥ）或得到自體這一意思。此中的理由，後面會有交代。

27 橫山，p.143，註31。

些甚麼涵義或啓示。對於這種做法，我們要分以下幾點來進行。

1.從文獻學的角度來說，識轉變（vijñāna-pariṇāma）表示關於識本身的轉變，故轉變的前後內涵，即轉變的因與轉變的果，都應與識有直接的關連。故識轉變的所指，最可能是識從一種狀態轉變爲另外一種狀態。而這種轉變是在時間中進行的，因此，它的直接意思應是在某一刹那的識在狀態上轉變爲另一刹那的識。在這點來說，上田義文的解釋比較接近。不過，識轉變作爲唯識學的重要觀念或思想，似乎意思不會這樣簡單。而安慧在進一步的解釋中，便提到種子或習氣。即是說，在阿賴耶識中的種子，不管是異熟的抑是等流的，都是活動的，會生長發展的，最後現起而成爲識，這包括末那識和六轉識。故識轉變應指在時間流中，作爲原因的種子轉變成現行識。這是這個觀念的最可能的意思，起碼在表面上說是如此。

2.順著上面的意思說下來，識轉變的結果是現行識的生起。現行識是心，故是主觀的心或心識的生起。至於與心識相對的對象或境，安慧沒有涉及。對象或境概括客觀的世界，對於這客觀的世界的生起和成立，安慧的識轉變沒有直接交代，這是他與護法最不同的地方。護法是以識變似見分與相分來說識轉變的。見分概括主觀的心識，相分概括客觀的世界。在這點來說，護法的說法是較周延的，它交代了客觀世界的來源。但安慧強調種子的生長與發展，這與胡塞爾現象學言意識流聚合而成束，由此說自我，而這些意識流憑藉意向性作用，指向對象，或生成對象，以意義規定對象、鎖定對象，有一定的關連。不過，安慧說到識而止，這便只能相應於現象學的意向作用或能意（Noesis），而不涉意向對象或所意（Noema）。從存有論的立場來說，是不足的。

3.安慧把識轉變的因果關係，移到阿賴耶識中的種子的變化來說，種子現行，使阿賴耶識持續下去，致能轉生到下一世代。這種說法，能強化自我的成立，阿賴耶識即爲一自我主體，爲第七識所執持。這相應於現象學的多個意識流結而成束，由這種意識流來建立自我。在這一點上，雙方都有很強的觀念論傾向。

4.在安慧的識轉變的理解中，「力動」一觀念很受到重視。不管是作爲原因的因能變（hetupariṇāma），或是作爲結果的果能變（phalapariṇāma），都有很強的動感。這對現象學可以有積極的啓發作用。意識的可以成「流」，而有所謂「意識流」，或「流動的意識」（strömendes Bewuβtsein），端在意識自身的動感。這動感便相應於安慧識轉變的力動觀念。胡塞爾便曾直言絕對意識是一種活動（Akt, Aktivität），正表示它的力動性格。這力動或動感是從哪裏說呢？安慧的識轉變是從種子的生長、發展、增長（paripuṣṭi）說，現象學則從意識的「流」（Strömung）說。有動便成流，不動則不成流。

5.在識轉變中作爲因與作爲果的東西何所指一點上，日本學者有多種說法。如上面提到，上田義文以因、果皆就識言。

武内紹晃以爲因指現行熏種子，果指種子生現行。即是說，因爲種子，果爲現行。這種說法也是護法《成論》所首肯的。實際上，在這個問題，安慧的意思是敞開的，它可以指不同的說法，那是順應不同的理解方位或重點而然。因和果都可以就識言，也都可以就種子言，也可以以因爲種子，以果爲識，也可以以因爲識，以果爲種子。此中的關鍵點在於，種子與識可以互轉。而種子自身亦可在前後剎那轉變，識自身亦可在前後剎那轉變。在這個問題上爭持不休，並沒有多大意義。重要的是安慧在識轉變中不立相分，這表示他是徹底的唯識態度、唯心主義，不予存在世界一個較爲獨立的位置。在外界實在問題上，更採取不客氣的態度。在這一點上，他可以說是非常接近胡塞爾，特別是在提出「生活世界」（Lebenswelt）之前的胡塞爾，後者把意識放在極高的位置上。他甚至較胡塞爾更爲唯心，更有觀念論色彩。

6.在識轉變中因與果爲異時抑爲同時的問題上，日本學者也提出不同意見。上田義文基本上持因果異時說，不過，他也暗示因果同時亦可說得通。長尾雅人、平川彰則持因果同時說。横山紘一亦基本持因果同時說，但也不排斥因果異時的可能性。就安慧本人的意思，他似是同時容許異時說與同時說的，其關鍵點還是在你是就種子抑是就識來說因與果。不過，有一點需要注意的是，識轉變所關涉的東西：種子與識，都是剎那生滅的，兩者都是生滅法，都是現象。既是現象，便需在時間中作用；而轉變本身，亦是現象，亦只能在時間中進行。說異時、同時，都不能影響轉變活動的本質，就與胡塞爾現象學對比來說，識轉變相當於經驗意識的意向作用，都不能超越時間。只有絕對意識的意向作用，才能超越時間。在唯識學，在轉識成智之後，如有所謂「智轉變」，便可不受時間規限了。

五、關於外界實在性問題

在知識論與形而上學來說，外界實在性一直都是一個辣手問題，很難有圓滿的解決。我們的感官只能接觸作爲現象而呈現於我們面前的東西，在感官不能接觸的現象背後的地方，是否還有些甚麼的東西呢？倘若沒有，則作爲現象的事物的來源是甚麼呢？倘若有，則這些外界東西的實在性（reality）如何能證立呢？當然，我們可以提出物自身（Ding an sich）。但物自身的實在性，一直都是哲學上爭議的問題。唯識學把現象歸源於心識，認爲由心識所變現，視之爲親所緣緣。現象背後的東西，稱爲疏所緣緣的，則存而不論，或視之爲心識的假構，特別是意識的執著。這假構或執著，都沒有理據可言。在胡塞爾的現象學，則把這些東西懸置（Epoché），中止一切有關它們的存在的判斷。

現在我們要就唯識學特別是安慧的識轉變思想對這個外界實在性問題作一些深入的探討。如所周知，我們在前面也提到，世親把vijñāna（識）與pariṇāma（轉變）連在一起，而成vijñānapariṇāma（vijñāna-pariṇāma）一複合概念，所謂「識轉變」。這有甚麼用意呢？根據上田義文的解釋，現在刹那的能緣或識緣（認識）一個或若干個所緣或境，如只緣色，或同時緣色與觸，我們便可說，現在刹那的識似於某一一定的我或法的相狀而生起。或者，倘若有橫亙多刹那的識，則這些識似於種種以至一切的我或法的相狀而生起。因此便有種種我與法的假說依識而成立了。爲了適切地表白這個意思，世親便把vijñāna與pariṇāma連起來，而說這些假說依vijñānapariṇāma（識轉變）而成立。[28]

按上田說識似於我、法一類對象而生起，在這種活動中，不但識生起，我、法也生起。但這種說法是有問題的。因這需要假定外界實在的東西，供識所擬似，但這種外界實在是唯識學一貫所不能容許的。若就認識論一面來說pariṇāma，亦有同樣的問題。若以pariṇāma爲存有論特別是宇宙論意義的變現，則可暫時避過這一難題。關於這點，我們暫不作進一步的討論。

就安慧來說，他提出假象在識轉變中成立，比較能說得過去。在對《三十頌》第一偈頌「彼依識所變」的解說中，關於識轉變，安慧強調那些人、法的假構存在，只是言說表現的對象而已，只是一種假象。（*Bhāṣya*, p.15；荒牧，p.36）即是說，它們是由識的作用而生起，沒有獨立的存在性。安慧的意思是，這人、法的假構存在，都是在識的變化與生成（即識轉變）中成立的。（*Bhāṣya*, p.15；荒牧，p.36）

當然，這作爲果的人、法的假構存在，是離不開緣起這一基本義理的。整個假構過程都是在識的內部進行。安慧便明說：

---

28 上田，p.4.

pratītyasamutpannatvaṃ punar vijñānasya pariṇāmaśabdena jñāpitam /（*Bhāṣya*, p.16；ll. 16-17）

即是說，識的緣生性（pratītyasamutpannatva）可以在「轉變」（pariṇāma）一詞中得知。

這裏有一個論證的問題需要處理。識轉變被視爲含有識擬似或挾持對象相而生之意。即是，識透過自身的轉變作用，挾持著對象的形相而顯現，而生成。這如何證成呢？這裏隱涵一個疑惑：在識轉變中，識挾持對象的形相而生起，這預認在識之外有獨立的存在。這個意思類似胡塞爾現象學中意識指向已存在的對象的說法。但這在唯識學來說是不能提的，在識之外不能有獨立的存在。否則便不是「唯識」（vijñaptimātra）了。然則說識挾持對象的形象而生起如何成立呢？安慧的回應是，外界的對象（artha）能發起擬似自己而顯現出來的識，那擬似性的形相便成爲識的所緣緣。（*Bhāṣya*, p.16；寺本，p.10；荒牧，p.39）這即是說，識通過擬似作用而顯現，而這外界的對象有促發的作用，使顯現的識生發起來。在這個意義下，外界的對象可以說是識的所緣（ālambana）這種條件（pratyaya），所謂「所緣緣」。而所緣即是對象。

安慧這種解說，仍未能回應上面提到的疑惑。所謂「擬似」，是需要一個被擬似的對象的。我們可說畫家替自己畫肖像，他畫出擬似自己的肖像；他自己的相貌便是他畫肖像時擬似的對象。但識沒有相貌，它如何「擬似自己而顯現」呢？在這種情況下，勢必要設定一種外在於識的對象，作爲識擬似的對象，才能說得通。經量部（Sautrāntika）索性承認外在於識的對象的實在性，來解決這個問題。但唯識學是不能提這種說法的。安慧以外界的對象爲識的所緣緣，但又不許它作爲識所擬似的對象，而只允許它有所緣的作用，使識發起。但又說識擬似自己而顯現，識自己有甚麼形貌可以被自己擬似呢？這個問題仍未能解決。

安慧所說的能發起擬似自己而顯現出來的識的外界的對象，相當於護法的疏所緣緣，那是引發起所緣的相分的那個質體。而安慧所說的識所挾持的形相，或擬似自己而顯現的那個自己，則相當於護法的親所緣緣，那是爲見分認識而又不離於見分的對象，亦即是相分。不過，安慧是一分說，沒有相分與見分的二分思想。

對於剛才提出的那個論證的問題，亦即與證立外界實在有關的問題，安慧又較具體地以五識身的認識爲例來說明。五識身即是眼、耳、鼻、舌、身五種感識。安慧以爲，五識身是以具有某種大小程度的物體作爲對象的條件。它們挾持具有大小程度的物體的形相而顯現出來。安慧強調，這種物體只是諸部分的集合而已，所謂「和合」，除此之外，甚麼也沒有。即使外面的對象不存在，識仍能挾持物體的形相而顯現，而生成。（*Bhāṣya*, p.16；荒牧，pp.39-40）

按在這裏，在關連到外界對象的實在性的問題上，安慧的說法有些矛盾，起碼他的論點有些含糊。安慧一方面說物體是識的對象的條件，並說識挾持物體的形相而顯現。這頗有以對象是外界實在的傾向，糾正了我們先前提出的識擬似自己而顯現的說法的困難。因爲安慧不再說識擬似自己而顯現了，卻說識挾持物體的形相顯現。但他又說，即使外面的對象不存在，識仍能挾持物體的形相而顯現。這似乎又在否定外界對象的實在性，並表示這種否定不影響識挾持物體的形相而顯現。

這裏我們要進一步看物體的意思。上面提到，安慧以為，物體只是諸部分的集合，亦即是和合。這物體有沒有實在性（svabhāva）呢？應該是沒有的，它只是一種和合。但安慧又以物體為識的對象的條件，識是挾持物體的形相而顯現的。這是甚麼意思呢？關於這點，我們可集中在物體即是和合一點來考慮。安慧說：

> 倘若停止設想這諸部分，則挾持物體的形相而顯現的識便不存在。（*Bhāṣya*, p.16；荒牧，p.40）

此中的意思是，識要挾持物體的形相才能顯現，而這物體是諸部分的和合。故諸部分的設想，對於識的顯現來說，是必需的。就理論而言，這諸部分可以不斷還原，還原到不可分不可見的原子，或極微（aṇu）。這不可分不可見的極微能否和合而成可分可見的物體呢？這是一個很富諍議性的問題。安慧認為，即使極微能集合在一起而形成物體，這些極微仍不能是識的對象的條件。理由是，一個一個的極微並不能具有物體的形相而存在。即使它們集合起來，亦不能具有任何附加的屬性。（*Bhāṣya*, p.16；荒牧，p.40）這即是說，單一的極微不具有物體的形相，它們集合起來，也不能具有物體的形相。故安慧的結論是，這些極微不能作為識的對象的條件。（*Bhāṣya*, p.16；荒牧，p.40）

故安慧的識轉變說，在理論上有困難。他一方面說識擬似自己而呈現，但識自己是甚麼？它有甚麼形相？這是不清楚的。另一方面，安慧又說識挾持物體的形相而顯現，這物體是諸部分的和合。這諸部分理論上可還原到極微，極微不管怎樣和合，都不能成就物體的形相。對這物體或和合，必須有一合理的解釋，才能說識挾持某種形相而顯現。在知識論來說，一般都以這物體或和合來自外界。但安慧是唯識的立場，不能有外界實在的說法。他又不能妥善地把形相歸源於識本身，像護法那樣以識能分化成見分與相分，以開出主觀自我的形相與客觀世界的形相。因而這物體或和合的來源，便成了他的識轉變說中的一個難題。[29]

安慧自己似乎也意識到這個困難，特別是有關物體或和合的來源問題。因此他提出，識挾持對象的形相而顯現而生成，正像我們做夢那樣。（*Bhāṣya*, p.17；荒牧，p.42）即是說，在夢中，我們看到一切事物，它們是沒有眞實來源的，只是我們的識（意識）的構想。我們的現實經驗也是如此，所經驗的事物都是識的擬構，沒有實在的來源。不過，這種說法並不具有很強的說服力，夢中所見的東西，並不必完全是虛構，很多時是現實事物的反照，故在某程度來說是有來源的。而唯識的對象，說物體也好，和合也好，是被視爲在外界完全沒有來源，沒有實在性的。這則與夢不同。

對於外界對象的實在性問題，安慧始終不肯確認，始終堅守唯識的立場。他最後只能提出熏習（vāsanā）一概念，把這個問題推開了，只表示我、法等對象或事物是通過熏習而被分別或被構想出來的。他說：

---

29 以識變現見分和相分，由後者開出認識的對象或形相，似乎是唯識學在知識論上的唯一出路。這樣，對象或形相皆源於識，識對於這對象或形相的認識，其實是自己認識自己（「自己認識」svasaṃvitti, svasaṃvedana），這便是後來法稱（Dharmakīrti）發展出來的路向，而有形相知識論（sākārajñānavāda）的理論，亦由這裏開出。安慧不立相分作爲被認識的形相，因而識或知識中沒有形相，則被歸入無形相知識論（anakārajñānavāda）的系統中。這涉及唯識學在知識論方面的發展，這裏不擬多作討論。

tatrātmādivikalpavāsanāparipoṣād rūpādivikalpavāsanāparipo=ṣāccālayavijñānādātmādinirbhāso vikalpo rūpādinirbhāsaśco=tpadyate /（*Bhāṣya*, p.16；ll. 2-4）

其意是：在這裏面，對於「我等事物的構想的熏習」（ātmādivikalpavāsanā）增長起來，又對於「色等事物的構想的熏習」（rūpādivikalpavāsanā）增長起來。依於這種增長，對於我等事物似現的構想和對於色等事物似現的構想便由阿賴耶識方面生出來了。按似我、法的構想可視爲識的現行的結果，或更適切地說，似現出來的我、法，是識的現行的結果。安慧並不說這些似現出來的我、法是源於在識以外的對象，卻說它們是熏習的結果。即是說，現今一剎那的似現的我、法，是由前一剎那的似現的我、法的熏習而來。這樣，這個程序可推至無窮，沒有一個起始，更不確認這起始是源於在識以外的對象。這樣便把外界對象的實在性的問題推開了。但推開只是迴避，問題還是在那裏。

六、論認識問題

在詮釋這《三十頌》的第一頌中，安慧表示他在知識論方面的思想。那主要是就言說與認識問題而言。在解「彼依識所變」一義中，他提到言說與第一義的對象問題。他認爲相應於言說的第一義的對象是不存在的。第一義的對象自體（prakṛti, svabhāva）是超越我們的知識和言說表現的。我們的知識和言說所能表現的（筆者按：我們應作知識是通過言說來表現這種區別），只是具有屬性的個體物，亦即是作爲這些屬性的基體的存在而已（按主要應就屬性而言）。對於這個體物或存在的自體，我們是不能直接經驗的。安慧提出的理由是，除了知識與言說之外，我們再沒有認識手段去概念地把握對象自體。（*Bhāṣya*, p.17；荒牧，pp.45-46）

按安慧在這裏亟亟強調知識與言說的限制性，它們只能表述對象方面的種種屬性，這些屬性是現象的性格。它們是不能直接經驗對象自體亦即物自身方面的。在這裏，安慧未有提到認識對象的物自身面相的方式，這在康德（I. Kant）哲學來說，即是睿智的直覺（intellektuelle Anschauung）。又最後安慧提到除了知識與言說之外，我們再沒有認識手段去概念地把握對象自體，這裏有些語病，致令含意不大通暢。安慧的意思應該是，我們把握對象，只有通過知識與言說，這是我們所具有的認識手段（pramāṇa），而且它們是概念性的。除此之外，我們並沒有其他方式去認識對象自體，亦即是它的物自身。

在這裏，安慧特別把言說提出來說，他把泛說的事物分成兩種：第一義的東西與第二義的東西。後者指類、屬性、作用等東西，是基於言說表現被假構出來的。關於這第二義的東西的所指，安慧舉了一個例子：倘若某一東西是基於某個物體而存在，而自己並無實在性，則這東西對於那個物體來說，便是第二義的東西。至於言說本身，安慧以爲，一切言說都是本於個體物或基體存在而成立的，它們是個體物的屬性，並不是實在的東西。言說決不是第一義的東西。（*Bhāṣya*, pp.17-18；荒牧，p.47）至於第一義的東西又是甚麼呢？安慧在這裏沒有明說。不過，由上面安慧的說法，以沒有實在性的東西（包括言說在內）不是第一義的東西，我們可以推斷，第一義的東西是有實在性的東西。至於所謂實在性應如何理解，則安慧並未有明說。

安慧的認識論或知識論，就上面的簡單表示來說，仍是很粗疏的。他以我們的認識手段爲知識與言說，又視之爲概念性，都很浮泛，近乎常識，不似是一個有嚴密思想體系的哲學家的說法。知識是認識活動的成果，不能說是認識手段。言說的範圍又太寬，難以令人領會具體的所指。以認識手段爲概念性又嫌狹窄。除了概念性的認識手段，我們不能有其他認識手段麼？若以陳那（Dignāga）的知識論作比較，安慧的問題便很清楚了。陳那以我們的認識對象只有兩種：個別相與普遍相。我們的認識手段便有兩種，分別與這兩種對象對應。認識個別相的是現量（pratyakṣa），認識普遍相的是比量（anumāna）。這是嚴格的知識論的綱領，康德的知識論基本上也是這種模式。

七、關於識與我、法的存在性

在解「彼依識所變」一句，就關連到識與識所變現的我、法的實在性來說，安慧有很細密和屈曲的說法。一方面，他認爲我、法不管是在識的作用或識轉變之中，或在其外，都是不存在的，都只是構想、分別而已。就最殊勝的眞理看，它們決不存在。（*Bhāṣya*, p.16；荒牧，p.38）

關於這點，我們引安慧的原文來仔細研究一下：

ayaṃ dviprakāro 'pyupacāro vijñānapariṇāma eva na mukhye ātmani dharmeṣu ceti kuta etat / dharmāṇāmātmanaśca vijñānapariṇāmād bahirabhāvāt /（*Bhāṣya*, p.15, l. 24-p.16, l. 1）

其意是：這兩種（我、法）的施設正是依於識轉變的，不依於眞正的我、法等東西。這是爲甚麼呢？因爲我、法等東西在識轉變以外是不存在的。即是說，我、法的施設不以眞實的、實在的我、法爲依據，而是以識轉變爲依據。眞實的、實在的我、法並不存在。安慧又說：

upacārasya ca nirādhārasyāsabhavād avaśyaṃ vijñānapariṇāmo vastuto 'styupagantavyo yatrātmadharmopacāraḥ pravartate /（*Bhāṣya*, p.16, ll. 10-12）

其意是：沒有依據的施設是不可得的。因此，作爲生起我、法的施設的所依（yatra）的識轉變，必須被視爲是具有實在性了。按這裏提出的「依據」（ādhāra），正表示識轉變是一切施設的根基，它的某種程度的實在性是不能否認的。安慧在處理我們在上面提出的問題上相當審愼，也有些模糊。他說到外界的對象時顯得非常勉強，不以正面語調加以確認，只說到識轉變便止住了。他頂多只有識透過轉變作用挾持對象的形相而生起的意思，但對這對象是否來自外界（識以外的世界），則持遲疑態度，總是不肯確認。當然這種確認是唯識的立場所不允許的。

在這個問題上，與唯識學的識的哲學相應的胡塞爾的現象學的情況又如何呢？胡塞爾自己有兩種說法。他在論意識時，認爲意識可建構對象；但在論意識的意向性時，則說意向性只能指向對象或客體事物，連繫到對象所及的範圍，但不能建構對象。即是說，就對象或客體事物是否具有獨立性，是否爲意識所建構一問題而言，胡塞爾的態度不很確定。我們不能說，他完全沒有外界實在的思想。即是說，在說意向性時，他有客體事物是預先存在而不是被建構的意味。這有點實在論的傾向。因此在外界實在的問題上，他不如安慧般含糊，卻在某種程度認許外界實在。不過，這是他較早期的想法。到了較後期，特別是在寫《笛卡兒式沈思錄》（*Cartesianische Meditationen*）時期，他則持客體事物爲意識所建構的說法。他畢竟少說客體事物是預設的，是獨立於意向性之外的。故他的觀念論色彩還是很濃厚，近於唯識學以至佛學的不容許外界實在的立場。

讓我們回到安慧方面來。他基於上面所說的理由，不承認「被認識的對象（即法）和去認識的識（即我）同樣是實在」這種極端的論調。在另一方面，他則認爲假構出來的、沒有存在根據的東西是不存在的，但我們必須承認識轉變或轉變中的識是實在的。而以這轉變中的識爲依據的假構的東西，亦是存在的。因此，他以爲「去認識的識與被認識的對象同樣都只是世俗的存在而已，就最殊勝的眞理看，是不存在的」這種說法，理論上是不能成立的。爲甚麼呢？因爲倘若是這樣，便會導致被認識的對象作爲世俗的東西亦不存在這種錯誤的結論。此中的理由是，如古師所說，即使是世俗的東西，也不是沒有存在根據的東西。（*Bhāṣya*, p.16；荒牧，p.38）最後，安慧引述古師的教訓：我們應該放棄這兩種極端的說法。（*Bhāṣya*, p.16；荒牧，p.38）

對於安慧的分疏，必須小心分析，才能得出恰當的理解，他在這裏提出兩種極端的因而是不適切的看法。其一是以為對象和識同樣是實在的。安慧顯然認為，就實在性（reality）而言，對象與識應分屬不同層次，不能同樣看待。即是，識較對象有更強的實在性。因對象由識變似，而依於識，識則不必依於對象。另一極端的看法是，識與對象同樣是世俗的存在，都沒有真理性。這會使人以為對象作為世俗的東西亦不存在的不當看法。在這點上，安慧是站在存有論的角度來評估對象和識的實在性。由於對象是識所變現的，因而不是沒有根據、沒有來源的，它的來源便是識。而關於識，依他所說，「識轉變或轉變中的識是實在的。」識既是實在的，則以它為根據而有的對象，亦應有一定的實在性，這實在性是依識的實在性而來，我們不能只就世俗的東西來看對象而視之為沒有存在性。

安慧在這裏的意思，顯然是要建立識轉變或轉變的識的實在性。故他跟著即確定地表示：所有被認識的對象都不能作為自體而存在。它們都是被構想的存在。但相反地，去認識的識是實在的。（*Bhāṣya*, p.16；荒牧，p.39）至於識能實在到甚麼程度，在何種意義下能與最殊勝的真理連繫起來，他則提出緣起一點，以交代識的實在性。（*Bhāṣya*, p.16；荒牧，p.39）即是說，識是依緣起的法則而生的。緣起有真理性，依此而成立的識亦相應地有真理性。但是否是殊勝，或殊勝到甚麼程度，安慧便沒有進一步的發揮。

安慧的這種關於識與我、法的存在性的說法，倘若與護法的相應說法比較，可以說是大同小異。顯著不同的是護法在解識轉變時提出相分，安慧則沒有此種提法。讓我們重溫一下護法對識與我、法的實在性、存在性問題的看法。《成論》說：

愚夫所計實我、實法，都無所有，但隨妄情而施設故，說之爲假。內識所變似我、似法雖有，而非實我、法性，然似彼故，故說爲假。外境隨情而施設故，非有如識。內識必依因緣生故，非無如境。由此便遮增、減二執。境依內識而假立故，唯世俗有。識是假境所依事故，亦勝義有。（大31·1b）

對於我、法，護法的分法較爲詳盡。這分愚夫所執取的和內識所變似的。前者可說完全是虛妄，可以不論。後者即由識變似的，這亦可說是外境，那是隨順俗情施設，不如識般具有那程度的實在性。這就語態上來說，護法所給予境或對象的實在性、存在性，似不如安慧所給予的重。因安慧強調對象是由識變現而來，其來源是識，故雖不能有像識那種程度的實在性，但在識的庇蔭下，仍可說一些實在性。至於識，護法亦如安慧那樣，以緣起或因緣生來交代，故亦有一定的實在性、眞理性。最後，護法索性以世俗有與勝義有來說對象與識的實在性：對象是世俗有，識是勝義有。他對識的實有程度的認可，顯然是超過安慧的，因後者並未就勝義的層面來說識的實在性。但護法說識是勝義有，是否便無問題呢？我想也不是。因識畢竟是虛妄的，最後要被轉的。倘若識中有勝義，或終極的意義，則又何需說轉識呢？說識是勝義有與說要轉識是不一致的、有矛盾的。

就胡塞爾的現象學來看，亦有類似於唯識學的說法。唯識學（不管是安慧的，抑是護法的）視現實事物爲心識的變現，沒有實在性，沒有理性上的眞實性（以現象學的詞彙來說）。胡塞爾則以爲它們有可能具有眞實義，問題是我們是否能在它們之中確認出明證性（Evidenz）。根據胡塞爾的意識哲學來說，意識有兩層：經驗意識與超越意識，前者構架世俗諦的對象，後者構架勝義諦的對象。胡塞爾的做法，是要把世俗諦的對象的存在性、眞實性擱置起來，以還原的方式，終止有關這方面的判斷，而改以意向性與自我（皆是超越義）作爲根源來解釋和交代存在的事物。在此之前的經驗意識，相當於唯識學的識，這經驗意識和它構架出來的事物都不具有明證性，故不能說眞實的存在性。一如唯識的識和它所變現出的對象不能說眞實的存在性。但還原後改以超越意向性與自我而構架出來的對象，則能說眞實的存在性，它們是具有本質的現象。這種情況，在唯識學要到轉依階段才能說。

八、對於識轉變的進一步闡述與發揮

上面我們已經論述過護法是以識變現見分與相分來說識轉變。安慧則以「在因的剎那滅去的同時有與它相異的果得到自體生起」來說轉變。這裏我們想補充一下所謂「得到自體」（ātmalābhaḥ）的意思。這「自體」（ātman）不應解作流行的我或常我，甚至是不滅的我的本體。它應指確定的模式。這模式可以指識本身，也可以指種子。倘若指識，則識轉變便是識在前後兩剎那間的轉變，進而表示識是在不斷流變的狀態中，每一剎那都不同。這個意思，與胡塞爾說意識流很有相通處。倘若自體指種子，則識轉變便表示識從現行的狀況變成潛存的狀況，以種子的形式存於第八識之中。我想前一個解釋比較正確，因它與「彼依識所變」的「彼」很能相應。這「彼」是指我、法等種種相。安慧的意思應是識在不斷流變之中，變現出我、法等存在。而這種活動，應是在識在現行的狀況下進行的，不可能在識的潛存或種子狀態中進行。護法提出見分、相分，那是對我、法作進一步的推展，以見分、相分來分別規定我、法。這不必是世親言識轉變的原意。我們無寧應說，這是護法的創造性的詮釋，把識轉變宇宙論化，或從宇宙論的角度來確定我、法的生成與變化。

關於安慧對識轉變的這種定義，荒牧典俊有很好的、細密的補充。他認爲對於這轉變的意思，有三方面可說。首先，識是每一瞬間都在生滅相續中的，此中有一種因果關係：以前一瞬間的識爲原因，而生起後一瞬間的識作爲結果。而即在前一瞬間滅去的同時，有後一瞬間生起，這樣不斷連續下去。[30]按這樣說只有象徵意義。識在每一剎那或瞬間都在變化延續。瞬間是我們擬設出來的短得不能再短的時間單位，而時間不是客觀存在，只是我們用來描述事物變化而擬設出來的主觀的模式，是無所謂生滅的，生滅的是在時間的模式下存在、活動的心識。

其次，在識的這樣的變化中，種種存在如何表現爲現象呢？荒牧認爲，我們在過去不斷重複著對種種存在事物的構想，這些構想被經驗下來。這些經驗作爲一種潛勢力，積聚於阿賴耶識中，它們能生起以後的同類的經驗。即是說，這些潛勢力可以作爲根本條件，

30　荒牧，pp.367-368, 註4。

計執種種存在，而生起構想。[31]按荒牧所謂的潛勢力是指種子而言。他的意思是好的，但表達得不夠善巧。應該這樣說，我們在過往有種種構想事物的經驗，這些經驗不會消失，它們會以種子形式，作爲潛藏的勢用，存於阿賴耶識中。若日後條件充足，這些種子或潛勢用會現行，復現出來，成爲現實的構想經驗，而所構想的事物也復現。這些事物也可與新的經驗結合，又成爲種子，藏於阿賴耶識中，以後又會復現。

第三，在這樣的場合中以過去經驗的積聚爲基礎而計執種種存在的構想，便宛似以外在的存在爲基礎而生起的那種情況了。必須有過去經驗的積聚，才能說外在的種種存在。[32]按所謂外在的存在，並不是眞有的，它們不過是一些假象而已。這些假象又源於過去經驗的積聚。荒牧認爲，人有一種傾向，以爲當前的事物有外在的存在作爲基礎，其實這所謂外在的存在是假的，它們只是過往積聚下來的種種經驗而已。實際上，這些過去經驗可以不斷追溯下去，以至於無止境。

按以過往的經驗的累積來交代事物的在外邊的存在基礎，有其高明之處，這也符合唯識學種子學說的基本義理，種子實際上便是過往的經驗的累積的結果，以潛勢用的方式留存下來。胡塞爾現象學也說到回憶、回想（Erinnerung），視這是意識的一種機能，可以把過往的經驗累積、儲存下來。不過，他並未把它關連到事物在外界的存在基礎方面去。

---

31 Idem.

32 Idem.

二、第二頌

【梵 文 本】vipāko mananākhyaś ca vijñaptir viṣayasya ca/
tatrālayākhyaṃ vijñānaṃ vipākaḥ sarvabījakam//

【梵本語譯】這是異熟與稱爲末那的東西，及境的了別識。其中，異熟即是稱爲阿賴耶的識，是具有一切種子的東西。

【玄奘譯本】謂異熟思量，及了別境識。
初阿賴耶識，異熟一切種。（大31．60a-b）

說到「轉變」（pariṇāma），如護法那樣，安慧是就三種識來說。稱爲「異熟」（vipāka）的轉變，指第八阿賴耶識。稱爲「思量」（manas）的轉變，指第七末那識，那是被認爲是染污性格的。稱爲「了別」（khyāti）外境的轉變，則指第六意識及五種感識。故「轉變」是指識而言，是十分明顯的。在這三種識中，安慧特別強調轉變與阿賴耶識的同一性。他說：

yad [ālaya-] vijñānaṃ sa vipākapariṇāmaḥ.（*Bhāṣya*, p.18, l. 22）

其意是：（阿賴耶）識即是稱爲「異熟」的轉變。這種理解，其實並不完全正確。轉變是三種識的作用。對於這點，安慧自然知得很清楚，他強調轉變與阿賴耶識的同一性，只表示他認爲阿賴耶識是最重要的識而已。整個唯識學傳統都是這樣看的。

對於這三種識，安慧一一作出扼要的詮釋。

1.關於異熟識或阿賴耶識，它以果報來說。即是，眾生在無始時來積聚下來的善、惡行爲的果報，在阿賴耶識中成熟起來。[1]

2.關於思量識，即第七末那識，他認爲其作用是恆常地、不斷地構想自我。[2]

3.對於了別境識，即前五感識及第六意識，他認爲其作用是把對象構成爲現象。[3]

在這裏，安慧很強調了別境識使對象成爲現象的功能，它們各各以自己獨有的認識能力，把色、形等對象呈現出來，而成爲現象。至於如何成爲現象，而作爲現象的所依的對象如何成立，則安慧並沒有討論。（*Bhāṣya*, p.18；荒牧，p.51）按這裏所說的對象，當然不是康德知識論的嚴格意義的對象（Gegenstand），而只是現象成立之前的感覺與料或雜多。這些東西，作爲現象的所依，有疏所緣緣的意味，現象則是親所緣緣。安慧並未有很嚴格的知識理論。在這些問題上，他是不大措意的。不過，他還是意識到識需要有某些東西作爲它的對象的問題，這便是跟著我們要闡述的。

---

1 這果報即是以所謂「種子」（bīja）的形式而存在。

2 這即是執持異熟識，將之構想成常住不變的自我。

3 按對象有較強的客觀性，而現象則必須對主體呈現，主觀性較強。這種把對象構成爲現象的作用，是基於六識的知覺和思考機能。其中前五識是知覺的，第六識是思考的。

在對這首偈頌的疏釋中，安慧主要提出阿賴耶識的三大特徵。首先，他強調這阿賴耶識是一種場所，其中存藏著一切迷妄的存在的力量。按這力量應指種子而言。安慧認爲，「阿賴耶」（ālaya）與存藏一切事物的基體、一切事物的場所是同義語。我們可以說，所有迷妄的存在，作爲結果，都被內藏在這阿賴耶識中。這裏有一種依存關係。[4]又可以說，阿賴耶識作爲原因，在所有迷妄的存在中被內藏起來。這裏又有一種依存關係。[5]（*Bhāṣya*, p.18；荒牧，pp.52-53）

安慧以場所來說阿賴耶識，很有意思。這可與《三十頌》第一頌的識轉變以位格來表示（vijñānapariṇāme）一點相比較。世親以識轉變有處所、場地之意，因位格有「在其中」之意。阿賴耶識與識轉變都有場所的意思，這表示兩者是相通的，或者說，識轉變主要是環繞著阿賴耶來說的，雙方都有作爲一切存在的存藏處、保存地的意思。在這點來說，安慧對世親言識轉變顯然有所繼承。另外，就上面提到的依存關係言，阿賴耶識與一切迷妄的存在可以說是具有相互依存的關係。在邏輯來說，若a與b互相依存，則兩者是相等的。我們這裏不必說阿賴耶識與一切迷妄的存在在意義上等同。兩者相等，可以就內涵說。阿賴耶識的內涵，是一切迷妄存在的可能性，這即是種子。除此之外，阿賴耶識更無其他東西。

其次，安慧很強調阿賴耶識是挾持著對象的形相（ākāra）而顯現的，即是這對象是不可能清晰地被認知。這便是阿賴耶識的行相問題。安慧認爲，凡是識（不管是甚麼識），不能沒有對象，也不

4　這是迷妄的存在依存於阿賴耶識。

5　這應是阿賴耶識依存於迷妄的存在。

能在沒有對象的形相的情況下顯現出來。（*Bhāṣya*, p.19；荒牧，p.54）這裏提到識不能在沒有對象的形相的情況下顯現，說得雖然簡單，但意義重大，不可忽視。識需要有對象才能顯現，才能有所作用，這當然有認識論意味。所謂認識活動，必須要在主客對立的關係下進行。主客即是主體與客體，而客體即是對象。主體是能，對象是所，以能緣所，才能成就認識。故說識需要有對象作為它的所認識的一面，才能發出認識作用。另外一面意義是存有論的，或本體宇宙論的。識自身是一個抽象的機體，它需要分化或變現對象，才能作用於對象，完成對事物的生成與變化的歷程，識亦在這種變現對象中顯示其自己，以至成就其自己。故安慧說識變現我、法，護法說得更具體，以識變似見、相二分，以相分概括諸法，以見分概括主體，因而主體緣諸法、了別與執取之。這便是識的虛妄分別作用。胡塞爾說意識哲學，也提到意識開出能意與所意（Noesis and Noema），或意向作用與意向對象，由之建立主體與客體，或自我與世界。

另外，安慧強調阿賴耶識作為現象而顯現的主客兩面：在主觀方面，它作為統合的力動（執受，upādhi）而顯現。在客觀方面，它挾持著難以個別地清晰地了知的事物的形相而顯現，這些事物的形相，即是所謂器世間。他特別強調主觀的統合的力動是一種熏習力，是對人、法的自體（svabhāva）的周遍計度（parikalpita）的熏習力。這力動也是對根身的物質存在（色）與心理存在（名）的統合力量。（*Bhāṣya*, p.19；荒牧，p.54）在這裏，安慧強調阿賴耶識作為主觀現象與客觀現象的根源性。在主觀方面，阿賴耶識顯現為對一切存在進行構想（構想它們具有常住不變的自性、自體）的執受主體。在客觀方面，它是整個存在世界即器世間的依據，因器世間的一切種子都內藏於阿賴耶識中。這與胡塞爾現象學以意識構架世界而成爲包括自我在內的一切存在的根源的說法是同調的。不過，他有單一意識與綜合意識的不同說法，後者是前者的統合的結果。而安慧說阿賴耶識，則只有一個，即每一眾生只有一個阿賴耶識。

有一點要注意的是，護法相當重視種子的問題，他在《成論》中解《三十頌》的第二頌時，花了很多篇幅闡述種子運作的規則，所謂「種子六義」。安慧對種子討論得比較少，他在解釋《三十頌》言阿賴耶識藏有一切種子時提到。（*Bhāṣya*, p.18）在解第十八頌「由一切種識，如是如是變，以展轉力故，彼彼分別生」中，安慧亦提到一切種子（sarvabījam）。（*Bhāṣya*, p.36）他未有詳細闡述種子六義的問題。這種子六義的說法，顯然是護法自己特別重視的，也可以說是上承無著（Asaṅga）的《攝大乘論》（*Mahāyānsaṃgraha*）中〈所知依〉章中的種子思想而加以發揮的。《攝大乘論》也有種子六義的說法，但發揮不多。護法似乎對這六義的規則義，特別感覺興趣，提出很多意見。他的現實感比較強，對事物通過種子六義所表示的規則而來的轉變很是重視。

三、第三頌

【梵　文　本】asaṃviditakopādisthānavijñaptikaṃ ca tat/
sadā sparśamanaskāravitsaṃjñācetanānvitam//

【梵本語譯】阿賴耶識的執受、住處與了別都微細難知。它常伴隨著觸、作意、受、想、思。

【玄奘譯本】不可知執受，處了常與觸，
作意受想思，相應唯捨受。（大31．60b）

關於「不可知、執受、處、了」（asaṃviditakopādisthānavijñaptikaś ca tat, *Bhāṣya*, p.19, l. 9. 這是《三十頌》原文），其梵文本的意思是：阿賴耶識的執受、住處和了別，都是微細難知（不可知asaṃvidita）。寺本婉雅也是這樣理解。[1]但荒牧典俊的理解則不同。他的翻譯是：

> 這阿賴耶識是作爲不能清晰地被認知的統一的力動和住處（處）而展示爲現象的。[2]

此中的「統一的力動」即是執受（upādhi）。荒牧的解釋，近乎我們這個唯識現象學的著作體系中《唯識現象學1：世親與護法》中

1　寺本，p.34.

2　荒牧，pp.54-55.

我們解這《三十頌》的梵文原偈所引的上田義文的理解。[3]依安慧，這統一的力動或執受，是對八識的存在與對事物的存在的構想的一種潛勢力。即是說，它是統合著這兩方面存在的構想的。而這以阿賴耶識爲依據的統合的力動，是不能被清晰地認知的。（*Bhāṣya*, p.19；荒牧，pp.55-56）

按在對於「不可知、執受、處、了」一表示式上，安慧似乎要特別強調阿賴耶識的作爲統一的力動的執受作用。不過，他也承認要清晰地了解這力動是有困難的。但阿賴耶的統合世間一切存在的性格或作用是無可置疑的。對於這些存在，安慧提到有物質存在和心理存在之分。它們都是爲阿賴耶識所統合。即是，在欲界與色界中，有物質存在與心理存在被統合；而在無色界中，則有心理存在被統合。（*Bhāṣya*, p.19；荒牧，p.56）

若就「不可知、執受、處、了」來看阿賴耶識，可以說，安慧提出阿賴耶識有兩個特點。第一、它具有統合的力動，這即是執受。這力動包含兩方面的潛勢力或熏習：一是構想人間存在（我）的潛勢力，一是構想物質（色）一類存在（法）的潛勢力。這兩種構想都統合於阿賴耶識中。第二、這些力動都是不能清晰地被認知的。（*Bhāṣya*, p.19；荒牧，pp.55-56）在這裏，荒牧提到，阿賴耶識蓄積著無限過去以來的七識的善性、惡性以及無記性的潛勢力。有多種多樣

---

3 上田義文的理解是：阿賴耶識是指對於不可被了知的執受和住處的了別作用。這即是以阿賴耶識是一種了別作用，這種了別作用是針對非常隱密的執受和住處的。（上田義文《梵文唯識三十頌の解明》，東京：第三文明社，1987, p.17.）護法在《成論》的解釋，則是指阿賴耶識的行相和所緣都是不可知的。了是行相，處、執受是所緣。（大31·10a.）

的（感官）經驗存續與意識的持續潛匿在無意識或下意識的深層中。故它一方面是主體的統合而成為自我，一方面又作為客體的統合而形成整個世界。荒牧特別就此點而說阿賴耶識是主體方面和客體方面的最根本的統合體。他表示它實近於康德所說的「純粹統覺」（reine Apperzeption）。[4]

關於阿賴耶識的統合作用，荒牧認為可分為三階段。首先是統合心、心理狀態與由身體的認識能力而成的個體存在。這可稱為「心身的統合」。其次是統合那些把種種存在構想出來的力動。在這統合中，種種存在會一如自我或自體是有的那樣被構想出來，而被加以統合。這是對於被經驗被構想出來的種種存在的統合，故可稱為「經驗世界的統合」。第三則是對在所有眾生的存在中共有的客體的種種存在的統合，這稱為「客體世界的統合」。[5]荒牧這樣看阿賴耶識，是否能相應於安慧的阿賴耶識觀呢？特別是後者所說的阿賴耶識是否如荒牧所強調的具有那種動感（他稱為力動）呢？這有待進一步研究。不過，就初步看來，安慧的思想比較鬆動，不同於護法的那種質實作風。他比較強調識的動感。這是我們到目前為止所

---

4 荒牧，p.372, 註10。在把阿賴耶識比配到純粹統覺方面，另一日本學者玉城康四郎亦以阿賴耶識近於康德的先驗的統覺（transzendentale Apperzeption，這即是純粹統覺）。那是就統一一切表象或存在而言。但他認為康德的先驗的統覺是悟性（理解）能力，具自發性（Spontaneität），無經驗意味，卻是純粹意識（reines Bewuβtsein），而阿賴耶識則無此等特性。（參看氏著〈カントの認識論と唯識思想〉，收於氏編《佛教の比較思想論的研究》，東京：東京大學出版會，1980, p.305）按說到自發性，當以胡塞爾的絕對意識或超越意識為最強。

5 荒牧，pp.372-373，註10。

得到的安慧思想的印象。荒牧以力動來說阿賴耶識的執受作用以至阿賴耶識，不是全無道理。不過，我認爲與其說安慧以動感或力動來說阿賴耶識的執受作用，不如看他如何以動感的角度來解讀阿賴耶識透過投射種子的方式以安立現象世界來得有意義。另外，荒牧上面提到經驗世界的統合與客體世界的統合在意義與內容上顯然有重疊的地方，其間的界線應如何規劃，荒牧仍未有注意及。

以下我們看安慧對「常與觸、作意、受、想、思相應」一點的詮釋。安慧特別強調，阿賴耶識恆常地與種種心所或心理狀態結成一體而作用一點。這些心理狀態即是觸、作意、受、想、思。

對於觸（sparśa），荒牧譯爲「樣相把握」，這表示安慧很重視觸的認知意味。在這種樣相把握中，被認識的對象、認識能力與認識活動三者分得很清楚，使認識能力能把對象的樣貌確定下來。此中更有因果關係：被認識的對象與認識能力是因，認識活動本身是果。三者必須同時俱在。[6]不過，這種作爲認識的觸並不是純粹的認知，而是有心理意味的。對於所得到的對象的樣相，可以引生或苦或樂的感情。（*Bhāṣya*, p.20；荒牧，pp.59-60）

對於作意（manaskāra），荒牧譯爲「思維」，使心的作用專注於某一對象之意，所謂「心一境性」。只有這樣，對象才能在心面前歷歷呈現。安慧在這裏特別強調，這種作意的機能是使心固定在某一對象中，這即是持續不斷地把心意引向同一對象之意。（*Bhāṣya*, p.20；荒牧，pp.61）[7]

6　按這樣說因果，應是同時因果關係。

7　這樣說作意，有禪的目標。後者的修行意圖，是使心念集中起來，不向外分散，不起心猿意馬的念想。

對於受（vedanā），荒牧譯爲「感情」，指苦樂等的經驗。安慧以爲，這感情有三種：對象使身體經驗歡喜的，是樂；對象使身體經驗苦惱的，是苦；使身體的經驗與這兩者的樣相都無關連的，是不苦不樂。安慧又提到，有些人會這樣想，清淨的行爲會帶來成熟的果報，這即是樂的感情。不清淨的行爲會帶來成熟的果報，這即是苦的感情。清淨的行爲與不清淨的行爲合起來所帶來的成熟的果報，則是不苦不樂的感情。對於這種說法，安慧提出進一步的意見，關連到阿賴耶識方面來。他以爲，以清淨的行爲與不清淨的行爲作依據而發展出來的成熟的果報，正是阿賴耶識。他認爲眞正的情況是，這種成熟的果報，其實是與阿賴耶識構成一體而運作的平靜的、不苦不樂的感情。就日常的語言習慣來說，我們可以這樣看，樂的感情和苦的感情，正是依於善業或惡業成熟而得的果報。而這些樂的感情和苦的感情，正是從以善業或惡業爲依據發展而得的成熟果報生出來的。這成熟的果報正是阿賴耶識。（*Bhāṣya*, p.20；荒牧，pp.62-63）

對於想（saṃjña），荒牧譯爲「概念的構想」。安慧的理解是，對於現前的對象，就它的如是如是狀況而如是如是地理解，構成概念，即是想。例如，就對象的青色而理解之爲青色的東西，而不是黃色的東西，由此而清晰地把「青」的概念確定下來。（*Bhāṣya*, p.21；荒牧，pp.63-64）

對於思（cetanā），荒牧譯爲「意思」。安慧以爲思是使心運作的一種行爲。只有在這種思的情況下，才能見證心對於被知覺被思考的對象所起的運作。（*Bhāṣya*, p.21；荒牧，p.64）

在這一偈方面，安慧與護法在理解上最大的不同，明顯地在阿賴耶識的執受作用上。護法提到阿賴耶識有兩方面的執受對象：種子與根身。阿賴耶識執持它們，作爲自己的內容。而作爲執受的直接主體的，是阿賴耶識的見分。安慧沒有見分與相分的分法，他強調阿賴耶識作爲一個執受的整體，執受人方面的存在與法方面的存在，而表現頗強的動感或力動，把這兩方面綜合起來，作爲自己要處理的對象。而它的執受形式，主要是就構想來說。這種構想不是意識層面的構想，而是下意識層面的構想。如何構想法，則安慧未有進一步的闡釋。

另外，護法說到想，強調這種心所或心理狀態的「取像」作用。取像是攝取所對境的相狀，使它存留於心中。這使人想起攝影機的作用。如何令所對境存留在心中呢？護法提出「名言」，這即是概念，以概念來概括所對境。對於想，安慧則強調構想，但這構想不純然是想像，而是有認識論的意味，即是對對象作如實的理解，不增加，也不減少。他重視概念的概括，取像這種較具體的動作的意味是較輕的。

至於胡塞爾，在他的超越的現象學中，並未涉及這些觸、作意、受、想、思等心理狀態。那是經驗心理學所處理的問題，他在寫《邏輯研究》時，已破斥了這種心理學，而代之以現象學。他是聚焦於意識方面，特別是絕對意識或超越意識。他雖然說意識流（strömendes Bewuβtsein）有多種不同的活動，其中包括想像，但這想像不是認識論義的取像作用，而是心理學的構想，但這是超越的心理學的範圍，亦即現象學的範圍，而意識流的意識，是以超越意識爲主，層次高得多。但若意識流的意識是經驗性格的話，還是可以有心所或心理狀態，如注視、想像、欲望、怨恨、愛護，以至生起幻像等。

四、第四頌

【梵　文　本】upekṣā vedanā tatrānivṛtāvyākṛtaṃ ca tat/
tathā sparśādayas tac ca vartate srotasaughavat//

【梵本語譯】此中捨棄受。又，這是無覆無記。觸等亦是這樣。又，這好像瀑流那樣，在流動中存在。

【玄奘譯本】是無覆無記，觸等亦如是，
恒轉如瀑流，阿羅漢位捨。（大31・60b）

「是無覆無記，觸等亦如是」論及阿賴耶識與觸等心所的倫理性格。安慧對於這個問題，似乎未有很大的興趣，在他的《論釋》中，只作了很平淡的解說，說阿賴耶識非善非惡，而是無記，亦不受根本無明所覆蓋。他強調與阿賴耶識連成一體而作用的觸或樣相把握等心理狀態，亦不外是以過去世的善業或惡業爲依據成熟起來而得的果報而已。在感情上來說，它們完全是平靜的，無所謂樂，也無所謂苦，而是倫理上的無記性格，亦不爲根本無明所覆蓋。（*Bhāṣya*, p.21；荒牧，pp.65-68）

對於「恒轉如瀑流」，安慧特別強調阿賴耶識不是一貫的個別延續不變的存在，而是在每一瞬間都在作出生滅相續的存在。（*Bhāṣya*, p.21；荒牧，pp.69）這種狀況，若以我們在解《三十頌》中第一頌時提出的識轉變中因果關係第一個可能的解釋，亦即因果是現行識與現行識的關係來理解，[1]便很暢順了。即是，阿賴耶識在每一瞬間都由某一狀態的識轉變成另一狀態的識。

按「轉」（vartate）表示阿賴耶識內部的轉生作用，亦即轉舊生新作用。對於這個字眼，安慧的解釋是：因與果相續不斷地生起。（*Bhāṣya*, p.22；荒牧，pp.69）這「因」應指在某一瞬間滅去的阿賴耶識，而「果」則指在同一瞬間（因果同時說）或跟著的下一瞬間（因果異時說）生起的阿賴耶識。這樣地因滅果生，便成因果相續。要注意的是，這裏說因果，是就阿賴耶識的連續的兩種狀態說，這是相應於安慧以因果來說識轉變的，與識的轉化爲見分與相分無關。而安慧在這裏也沒有提到見分與相分。這是判別安慧與護法在唯識思想上的不同的一個關鍵點，後者以識變似見分與相分來說識轉變。

安慧在這裏特別強調阿賴耶識的轉的作用是持續不斷的，一如河（srota）中的水流（augha），不能有一瞬前與一瞬後的分別。在這種心識之流中，帶來福果的福業、帶來禍果的非福業與帶來不確定果的不動業這三種業所積聚而成的種子或潛勢力，以各式各樣的方式，帶領著觸、作意、受等心理狀態漂流著，無間斷地轉化，造成迷妄的存在的不斷生滅流轉的現象。（*Bhāṣya*, p.22；荒牧，pp.69-70）

關於「阿羅漢位捨」，安慧解釋得很簡單，他提出無盡智與無生智這兩種智慧的體得，作爲阿羅漢階位的達致。達致這個階位後，便能斷除阿賴耶識，而得覺悟。無盡智（Zad-par Çes-pa，藏文）是盡滅一切迷妄的事物的種子的智慧，無生智（Mi-Skye-ba Çes-pa）是

---

1 這亦是上田義文最爲認可的理解。

不生起任何迷妄的事物的智慧。在這個階位中，一切迷妄事物的有限性或所謂「麁重」都沒有殘留的餘地，阿賴耶識因而止滅下來。

（*Bhāṣya*, p.22；寺本，p.46；荒牧，pp.70-71）

這裏的關鍵性觀念，當然是「轉」（vartate）。安慧的詮釋與護法的很相近。護法主要是以轉爲前後兩識的轉變，所謂「此識無始時來念念生滅，前後變異」。（大31．12c）安慧大抵也是這個意思，這是上田義文所傾向的解讀方式。而由「前後變異」中的「前後」字眼看，護法似是傾向因果異時說，因前後應該是就時間的前後不同瞬間說，這便是上田義文所傾向的說法，他是取前後異時的。這不是長尾雅人、平川彰和橫山紘一他們的說法，他們是主張前後同時的。

阿賴耶識的這種轉或恆轉的性格，也可以通到胡塞爾的意識現象學方面去。胡塞爾提出「意識流」這種概念，由「流」一字眼便可確定意識是不斷在流變狀態中的，它是不會停止不動的。另外，胡塞爾說意識具有自發性（Spontaneität），這種自發性也可促使意識不斷地在流變。不過，他所說的意識，不是經驗意識，而是絕對意識。只有絕對意識才有自發性，經驗意識是不具有這種性格的。

五、第五頌

【梵 文 本】tasya vyāvṛttir arhattve tadāśritya pravartate/
tadālambaṃ manonāma vijñānaṃ mananātmakam//

【梵本語譯】這識的轉捨在阿羅漢位中。至於名爲意的識，則依止這識，以它爲所緣而生起。這是以末那作爲其性格的東西。

【玄奘譯本】次第二能變，是識名末那，
依彼轉緣彼，思量爲性相。（大31·60b）

安慧在這裏強調，阿賴耶識是力動的根本條件，亦有作爲染污自我意識的末那識存在。他提到與阿賴耶識具有相同的染污性格的末那識在各瞬間中的相續生成的情況，這關連到末那識與阿賴耶識之間的關係。關於這點，安慧有進一步的說明。即是，不管是眾生世界內的事物的三種存在類型（三界）中的哪一種，或是眾生世界內的事物的九種禪定階段（九住）中的哪一階段，阿賴耶識都總是作爲過去世的善業或惡業的果報而成熟起來，而染污的末那識總是以完全相同的類型而存在，以完全相同的禪定階段而存在。安慧強調，末那識總是以阿賴耶識作爲它的存在根據而恆常地與它成爲一體。末那識的存在，也實在是依於阿賴耶識的，因爲後者是一切力動的

根本條件。（*Bhāṣya*, p.22；寺本，p.47；荒牧，p.73）

按這是說明末那識對阿賴耶識的「依」（āśraya）的關係。這依是在阿賴耶識作爲一切力動的根本條件下說的。安慧的立場很清楚，在阿賴耶識的存在與活動這一問題上，他是傾向於以活動來說阿賴耶識的；而末那識的依於阿賴耶識，也從它的活動一方面顯現出來，它是「依彼（阿賴耶識）轉」的。

至於「緣彼」，安慧的解釋是末那識以阿賴耶識爲認識的對象（ālambana），將之構想成自我。安慧的意思是，末那識是本著身體本身便是實在、便是自我（有身見satkāyadṛṣṭi）這種根本的觀點而構想出這阿賴耶識便是自我（ahaṃ），便是自我的所有（我所mama），因而以阿賴耶識爲所緣的對象。（*Bhāṣya*, p.22；寺本，p.48；荒牧，p.73）

安慧跟著說，就識的作用言，剛剛滅去的識可作爲力動的根本條件，現前正在思考的識正基於這根本條件而生起。而剛剛滅去的識正好成爲被思考的對象，使現前正在思考的識生起。（*Bhāṣya*, p.22；荒牧，p.74）安慧這裏似是以剛剛滅去的識指阿賴耶識，以現前正在思考的識指末那識，以說末那識與阿賴耶識的認識論與存在論的關係。即是，阿賴耶識滅去，引生末那識，而正是那滅去的阿賴耶識成爲末那識的思考的對象。這種思考應該是概念性的，不是直觀性的；因爲當末那識思考阿賴耶識時，後者已滅去了。直觀必須假設能與所的同時關係，思考則可有時間上的先後分野，能可以在所之後產生。不過，有一點是富質疑性的，說阿賴耶識滅去作爲末那識生起的條件和思考的對象，是有問題的。阿賴耶識是下意識層面，它不是意識，它的滅去應如何理解呢？下意識的東西的生起與滅去，有甚麼不同呢？這裏應有一個存有論的說明，以分別兩種情況的不同。安慧未有做這步工作，我們在這裏也暫時擱置不談。

末那識是「稱爲自我意識的識」（mano nāma vijñānaṃ）。安慧的解說是阿賴耶識是力動的根本條件，而正是這末那識把阿賴耶識構想成對象。這便規限了末那識不能是阿賴耶識，也不是知覺與思考的現前識。安慧隨即表明，末那識的本質，在構想阿賴耶識爲自我及自體，它即在這種構想自我和自體的本質的情況，被稱爲「自我意識」（manas）。（*Bhāṣya*, p.22；荒牧，pp.74-75）安慧的意思很明顯，末那識不是阿賴耶識，那是一切力動的根源。它也不是前六識。它的作用純在構想阿賴耶識爲常自不變的自我，而對它執持不捨。它因此稱爲「自我意識」。因此這所謂「自我意識」不是意識對自己本身的證覺、認證，而是視阿賴耶識爲自我的那種「視」的意識。

倘若就末那識與阿賴耶識的關係一點來與護法作一比較，則可以說，護法很強調末那識的「恆審思量」的作用，表示它是恆常地作審思計量的，其恆審思量的對象便是阿賴耶識，更精確地說，它恆審思量阿賴耶識的見分爲自我。在這恆審思量一點上，末那識的作用是超過其他識的。而安慧則強調阿賴耶識的動感或力動，特別是它對人的存在與法的存在的執受，把二者鎖定爲具有實體、自性。但這是在下意識的層面進行的。末那識對阿賴耶識也有「執受」，把它執持爲自我本體。

若再就末那識與阿賴耶識的關係來將唯識學與胡塞爾現象學作比較，則情況比較複雜，但問題富挑戰性。胡塞爾曾把笛卡兒（R. Descartes）的我思（cogito）發展爲三個段落：我（ego）、我思（cogito）和我思對象（cogitatum）。若以我比配末那識，則我思可說爲相當於末那識的恆審思量作用，而我思對象則可以指阿賴耶識。但阿賴耶識被末那識執爲內自我，則阿賴耶識與末那識都有「我」的意味，這我便在這兩識中往返重疊。我想胡塞爾的我比較單純，它是多個刹那意識流集成的一個總的結果，也可說是刹那意識的總合。不管是經驗的意識流或絕對的意識流，所分別成就的經驗的我或超越的我，都是意識的層面，不涉及下意識的問題。不過，經驗的我是由超越的我所建構的。在唯識學，不管是安慧的情況抑護法的情況，末那識與阿賴耶識都是下意識。下意識層的關係本來便是微妙的，再加上在意識層的第六意識，這三者都各自涉有我的意思，三者合起來便成了一個三位一體的我的混雜，自我的問題便變得複雜得多了。

六、第六頌

【梵 文 本】kleśaiś caturbhiḥ sahītaṃ nivṛtāvyākṛtaiḥ sadā/
ātmadṛṣṭyātmamohātmamānātmasnehasaṃjñitaiḥ//

【梵本語譯】常與四種煩惱的有覆無記一齊，即是稱爲我見、我癡、我慢、我愛的東西。

【玄奘譯本】四煩惱常俱，謂我癡我見，
並我慢我愛，及餘觸等俱。（大31．60b）

關於「四煩惱常俱」，安慧指出，由於末那識是識的一種，它必然地會與種種心理狀態或心所結成一體，而同時現起。安慧在這裏提出四種煩惱心所。他認爲心所有兩類，其中一類是煩惱心所，另外一類則不是。煩惱心所有六種，其中四種是常與末那識俱起的。玄奘譯「四煩惱常俱」中的「俱」（sahitaṃ），安慧解爲結成一體而共同作用之意。對於這幾種煩惱，安慧又分爲兩類，其一是在倫理上爲惡性及在倫理上爲無記性的（avyākaraṇa）；另一是爲根本無明所覆蓋的。（*Bhāṣya*, p.23；寺本，p.50；荒牧，pp.75-76）

跟著安慧逐一闡釋這四種煩惱。首先是我見（ātma-dṛṣṭi）。對於作爲欲望的對象的個體存在、充滿著苦惱的存在不能如實知了，而竟視之爲自我，或自我的所有，而執著之。或以自己的身體爲實在的自我，而執著之。[1]這種對我的根本看法，稱爲我見。其次是我癡（ātma-moha）。對眞理無所知，不知道自我不存在，不明白有關自我（不存在）的眞理，即是我癡。第三是我慢（ātma-māna）。對於本來是沒有的自我作出種種想法，而產生傲慢的心理，即是我慢。第四是我愛（ātma-sneha）。把自我當作對象來看，無論在甚麼地方都執拗著它、愛著於它，即是我愛。（*Bhāṣya*, p.23；荒牧，pp.77-78）

就安慧對這四煩惱的了解來看，四者之間在意義上不免有重疊之處，如我見和我癡。不過，我見是正面說，表示執著於外緣的東西爲自我。我癡則是從負面說，表示不明白自我不存在或無我的眞理。

跟著安慧引了兩首偈頌，分別表示末那識受到我見等四種煩惱心所所染污和末那識的存在的論證。首先我們看第一首偈頌的內容：

> 自我意識或末那識以意爲本質，這意構想出自我與身體，而爲下面四種心所所染污。這四者是：執取自我與自體的根本無知、執取自我的根本概念、恆常地以自我爲存在著的傲慢心與對眾生的愛著。（*Bhāṣya*, p.23；荒牧，p.79）

這四種煩惱心所相應於我見、我癡、我慢及我愛，它們恆常與末那識俱起，而染污後者，自是很自然的事。

另一首偈頌的內容是：

---

1 這其實即是上面提到的有身見（satkāyadṛṣṭi）。

> 染污的末那識的存在，可由以下事實加以論證。在善性或無記性的心存在時，自我意識總是恆常地是「我怎樣怎樣」的意識的存在根據，使那些以日常的顛倒認識爲依據的表象生起。（*Bhāṣya*, p.23；荒牧，p.79）

按這有這樣的意思，當在意識的層面出現我要怎樣怎樣做的想法時，已預設了自我意識或末那識在意識的底層作用了。畢竟自我意識或末那識是傾向於下意識的事，是意識作用的基礎。這種論證末那識的存在的方式，是以果推因的路數。

跟著安慧又補充說，這四種煩惱與末那識同樣地存在於九住的禪定階段中，因而有九階段的各各不同的樣相。（*Bhāṣya*, p.23；荒牧，p.79）

關於「及餘觸等俱」，其意是末那識除了與四種煩惱心所俱起外，另外又與其餘的觸等心所俱起。安慧提到，這所謂「餘觸」，指觸、作意、受、想、思五者。末那識與這觸等五心所俱，是由於它們總是在一切識的一切對象中作用的原故，因此它們總是與一切識結成一體而作用。如同四煩惱的情況一樣，這些心所生於哪一存在類型和禪定階段，便有某種確定的樣相，末那識只與具有這樣的樣相的心所一體地作用，而不與具有其他類型與禪定階段的樣相的心所一體地作用。（*Bhāṣya*, p.24；荒牧，p.81）

對於四煩惱的解釋，安慧與護法沒有很大的分別，只在小處有些參差。在此之外，兩人各特別提一些要點。護法把這四煩惱與生死輪迴關連起來，顯示它們在生命中所造成的迷執、迷妄的嚴重性。安慧則引偈頌提出末那識的存在的論證。即是，當意識有某種意念、某種想法時，末那識已在它的下意識層作用，作爲意識運作的基礎了。

胡塞爾的現象學以絕對意識爲主。沒有怎樣談到煩惱的問題。它的體系中也找不到與末那識相應的東西。他也沒有輪迴思想，因此也沒有談及驅除煩惱以求解脫的事。倒是安慧提到的證立自我意識或末那識的存在一點，與胡塞爾有點關連。安慧表示，我們在意識中想到要做些甚麼，實在是以下意識層的自我意識或末那識爲根基的，這便證立了末那識的存在。胡塞爾說到多個剎那意識作用於同一個對象，需要有一個東西統合這些剎那意識，才能令對象對剎那意識有同一性。這東西即是自我。即是，多個剎那意識統合起來，便構成自我了。

七、第七頌

【梵 文 本】yatrajas tanmayair anyaiḥ sparśādyaiś cārhato na tat/
na nirodhasamāpattau mārge lokottare na ca//

【梵本語譯】又隨著所生處而存在，及伴隨其他的觸等。這意在阿羅漢中變成無有。在滅盡定中亦無有。又，在出世間的道路中亦無有。

【玄奘譯本】有覆無記攝，隨所生所繫，
阿羅漢滅定，出世道無有。（大31．60b）

安慧對末那識的「有覆無記攝」一意思，在解釋第六頌時約略提過。至於四種煩惱與末那識俱起的情況，所謂「隨所生所繫」，安慧的意思是，在眾生世界內存在的三種存在類型（即欲界、色界、無色界）中，他是以哪一種存在類型出生的，或在九住的禪定階段中，他是在哪一禪定階段出生的，四煩惱都有相應於這存在類型和禪定階段的樣相，末那識便與這樣相一體地生起作用，而不與有關樣相之外的其他樣相一體地生起作用。（*Bhāṣya*, pp.23-24；荒牧，p.80）

按我們在《唯識現象學１：世親與護法》部份闡述護法對「隨所生所繫」的解釋時，我們是以阿賴耶識對應於所生的，即阿賴耶識在哪一界域受生，末那識便追隨之，而爲該界域所繫縛。安慧的解釋很簡短，即是末那識隨順眾生受生的界域而繫縛於該界域中，而不繫縛於其他界域中。寺本婉雅便是這樣理解。[1]這裏所說的「隨順眾生」的「眾生」，可以就眾生的阿賴耶識言，因後者是輪迴轉生的主體。但荒牧的翻譯則比較詳細，如上面所示。我們要注意的，是荒牧典俊以末那識所隨順的，不是阿賴耶識，而是四煩惱在某一存在類型和禪定階段的樣相。查達智（K. N. Chatterjee）的翻譯，近於荒牧的意思。[2]由於安慧的《論釋》簡單，故一時也難以確定他是哪一種意思。這個問題可以繼續探究。我們這裏暫以荒牧的翻譯爲準。

「阿羅漢滅定，出世道無有」涉及末那識的止滅問題，安慧的解釋沒有新意，只是較詳細地解釋阿羅漢、滅定及出世道這三種修行境界而已。在這三種境界中，末那識止滅不生。（*Bhāṣya*, p.24；荒牧，pp.83-85）

---

1 寺本，p.53.

2 Chatterjee, pp.55-56.

八、第八頌

【梵 文 本】dvitīyaḥ pariṇāmo 'yaṃ tṛtīyaḥ ṣaḍvidhasya yā/
viṣayasyopalabdhiḥ sā kuśalākuśalādvayā//

【梵本語譯】這是第二種轉變。第三者則是了得全部六種境的東西。
它是非二的，非善非惡。

【玄奘譯本】次第三能變，差別有六種，
了境爲性相，善不善俱非。（大31・60b）

在這首偈頌中，安慧提出第三能變或識的轉變（pariṇāma），來繼續闡釋識的變化而生成現象的作用。這方面有六種。這六種識相應於六種對象。在說到眼識的對象時，荒牧典俊留意到它是色（顏色）與形狀兩方面，雖然安慧用的字眼爲rūpa（色）。（*Bhāṣya*, p.25；荒牧，p.85；Chatterjee, pp.59-60）

對於這六識的作用，安慧未有詳盡的解釋，他似乎假定了一般讀者在這方面已有了解。他的興趣集中在六識作用的倫理性格方面，表示它們有三方面性格：善性（kuśala）、惡性（akuśala非善性）與非善非惡（advaya）的無記性。他的意思是，在認識與「滅去欲望、憎惡與無知蒙昧的心所」成爲一體而作用的情況下，這認識是倫理地善的。在認識與「具有欲望、憎惡與無知蒙昧的心所」成爲一體而作用的情況下，則認識是倫理地惡的。在認識不與「倫理地善或惡的心所」成爲一體而作用時，則這認識在倫理上既不是善，也不是惡。（*Bhāṣya*, p.25；荒牧，p.86）

通常說六識的作用，是從知識論一面說的。不同的識認識不同的對象。前五識是感識，認識具體的對象，意識則認識抽象的對象。也有說意識能認識具體的對象的。安慧在這裏反而表現濃厚的倫理興趣，以善、惡、非善非惡來分別說認識。這是把認識置於倫理之下，因而認識亦易失去它的獨立的地位。我國的儒家便也有這種傾向，未能給予知識一獨立地位。安慧大概不是一個重視知識與邏輯分析的人，他的生命旨趣是德性的、倫理性的。不過，在說到認識或識與對象的關係時，他畢竟能提出六種識對應於六種對象，這便有些認識論意義。在這方面，陳那（Dignāga）做得最好，他以認識對象有兩種：自相與共相，因而提出兩種認識機能：現量與比量，與這兩種對象對應。在這一點上，護法也有類似表現。他說六識是「隨境立名」，[1]即是就認識對象（境）的不同，而確立不同的認識機能的名目，亦有以認識機能對應認識對象之意。

對於六識，胡塞爾的重視程度是很不平衡的。他很少說前五感識，幾乎把全部重點放在意識上，他要以意識特別是絕對意識建立爲一形而上的心體，建立爲一超越主體性，作爲一切對象的存有的根源。他的體系是一套意識形上學或意識現象學；在這體系中，一切現象都以本質的呈露作爲基礎而被覺知。這是一套無執的存有

1　參看《成論》，大31・26a.

論，或無執的現象學。[2]

2　但這並不表示有一套有執的現象學和這無執的現象學相對比。現象學本來便是無執的。要說有執，則只能說有執的現象論。但這又不表示有一套無執的現象論與它相對比。

九、第九頌

【梵 文 本】sarvatragair viniyataiḥ kuśalaiś caitasair asau/
saṃprayuktā tathā kleśair upakleśais trivedanā//

【梵本語譯】這是與遍行、別境與善的心所，與煩惱、隨煩惱的心所相應。三受亦是一樣。

【玄奘譯本】此心所遍行，別境善煩惱，
隨煩惱不定，皆三受相應。（大31．60b）

在這裏，安慧提出一個問題：對於這六種對象的認識，或前六識的作用，有怎樣的心所或心理狀態和它們相應生起呢？與這前六識連成一體而作用的心所，可以分成哪些種類呢？其答案即是這第九頌所展示的內容。（*Bhāṣya*, p.25；荒牧，p.87）心所或心理狀態是伴隨著心而生起的心念。我們在《唯識現象學１：世親與護法》中有詳細的解釋，這裏不多作重複。按這首偈頌提出前六識與遍行心所、別境心所、善心所、煩惱心所、隨煩惱心所與不定心所相應，或連在一起活動。三受（樂受、苦受、捨受）亦與前六識相應。三受中的捨受即是不苦不樂受，指無所謂苦或樂的感受。

對於這首偈頌，安慧的解釋非常簡單，不能與護法的解釋相比。

十、第十頌

【梵 文 本】ādyāḥ sparśadayaś chandādhimokṣasmṛtayaḥ saha/
samādhidhībhyāṃ niyatāḥ śraddhātha hrīr apatrapā//

【梵本語譯】起初的東西是觸等。決定（別境）則與欲、勝解、念、定、慧俱。善則是信、慚、愧、

【玄奘譯本】初遍行觸等，次別境謂欲，
勝解念定慧，所緣事不同。（大31·60b）

對於「初遍行觸等」，安慧強調一點：像觸、作意、受、想、思這些遍行（sarvatraga）心所，在所有三種心識（阿賴耶識、末那識、前六識）的對象中都發揮其作用。即是說，它們在這三種心識中都存在。（*Bhāṣya*, p.25；荒牧，pp.88-89）

對於「次別境謂欲，勝解念定慧」，安慧特別強調這些心所所作用的對象的被限定的（viniyata）性格，所謂「別境」（niyata）。即是說，這些心所所作用的對象，是有限定的，它們不能作用於所有對象。這別境心所有五種：欲、勝解、念、定、慧。（*Bhāṣya*, p.25；荒牧，p.89）

首先是欲（chanda）。安慧以欲是希求，對未來目標的希求。這個目標是被確認下來的，對於不確認的目標是不會希求的。通過

見、聞作用而導致的對象，會成爲希求的目標。這種對目標的希求具有促使人勇猛精進，努力修行的作用。（*Bhāṣya*, p.25；荒牧，p.90；Chatterjee, p.62）

安慧對欲的理解與護法差不多，後者謂「於所樂境，希望爲性」（《成論》，大31・28a）。他一般解心所，分「性」和「業」兩方面來說。性指本身具有的性格，指心所的性質、傾向；業則指從性引申出來的附屬作用、副作用。就對欲心所的理解來說，安慧特別強調對所欲的、所希求的東西，需要見、聞等作用才能引起我們的興趣。

勝解（adhimokṣa）是對於已經決定下來的事，確信不移。這確信有賴先師的遺教來成立，沒有疑問的餘地。這特指對於事物的無常性格與苦惱性格有確定不疑的信念。有了這種念，便不會被其他學派的教理所動搖，而能堅持自己的立場。這是一種使人鞏固本來信仰的機能。（*Bhāṣya*, p.25；荒牧，pp.90-91.；Chatterjee, pp.62-63）

念（smṛti）是深沈的思念，不會忘失所熟習的東西，能使它在心中再現。這具有深化、堅固化定心的作用。即是說，若能不止息地在心中把對象再現出來，內心便不會投向另外的對象，也不會產生散亂的情況。（*Bhāṣya*, p.26；荒牧，p.91.；Chatterjee, p.63）

對於這念的理解，安慧與護法有相同之處，便是關連著禪定來說念；這樣，念便有集中意念、意志的意味。這種心所可幫助人具有專一的意念，不會東想一些，西想一些。以下即說到禪定的問題。

定（samādhi）即是三昧、三摩地，能堅定心意，使它集中在對象上，不管它是善性的或惡性的。所謂集中，是心中只有一個對象之意。這定有促發覺悟的能力，使心獲得正確如理的知識。（*Bhāṣya*, p.26；荒牧，pp.91-92.；Chatterjee, p.64）

慧（prajñā）是般若的智慧，它有分別的作用，能了解事物的自相、共相，分別正邪。它能發出正確的認識，其中包括聖言量、現量和比量。它又能發出聞所成慧、思所成慧與修所成慧。故慧具有止滅對眞理疑惑的機能。（*Bhāṣya*, p.26；寺本，p.62；荒牧，pp.92-93）

安慧說慧，強調它的對事物的認識方面，它一方面是般若智慧，這通常是被了解爲通達事物的普遍的本質，如空，的功能。安慧說慧，除了這方面外，認爲慧也具有一般的了別作用，了解事物的自相或特殊面相。護法說慧，是在慧有善慧與惡慧的區別的脈絡中說，他所說的慧，指善慧而言。一言以蔽之，安慧比較從知識方面說慧，護法則傾向於從倫理方面說慧。

對於這五種別境心所，安慧以爲，它們可以相互獨立地個別現前作用；不過，其中一種現前作用，並不排斥其他四種的現前作用。即是說，這五種心所的作用並沒有矛盾、衝突。（*Bhāṣya*, p.26；荒牧，pp.93-94）這似乎表示，這五種心所各有其自身的作用重點，但相互間也能保持和諧關係。

十一、第十一頌

【梵　文　本】alobhāditrayaṃ vīryaṃ praśrabdhiḥ sāpramādikā/
ahiṃsā kuśalāḥ kleśā rāgapratighamūḍhayaḥ//

【梵本語譯】無貪等三者、勤、輕安、不放逸及與它相俱的東西（即行捨）與不害。煩惱是貪、瞋、癡與

【玄奘譯本】善謂信慚愧，無貪等三根，
勤安不放逸，行捨及不害。（大31·60b）

這首偈頌論述倫理上是善性的心所。首先，信（śraddhā）是對業報的因果關連和苦、集、滅、道這四聖諦或四面眞理的持守信仰，又尊敬三寶：佛、法、僧。安慧認爲，如果內心與信仰結成一體，便能滅除由根本煩惱與隨煩惱的染污性而生起的混濁情況。心以這信仰爲根基，便能淨化自身，達到澄明狀態。他又說信能作爲依據，以鞏固我們的（正當的）願求。（*Bhāṣya*, p.26；荒牧，pp.94-95；Chatterjee, pp.66-67）

安慧與護法說信，有不同的偏重。安慧強調對眞理的信賴，這信賴如能強化，便能滅除多種煩惱所帶來的干擾，令身心得到淨化。護法則強調信的德性的性格和殊勝的效能。後一點是與安慧說法相通的。他由德性的性格說三寶，由三寶說世間和出世間的善法的生

起，而護持這些善法。

關於慚（hrī），就自己的心或佛教的眞理看，指對於罪過的羞恥感。罪過是一種惡行，會受到賢人的批評而招惹不想見到的果報。安慧在這裏似乎把重點放在動機方面；認爲不管實際上有無犯過，如動機不正，內心都有沉重的羞恥感。他以爲，這種慚的心所有抑制惡行的產生的作用。（*Bhāṣya*, pp.26-27；荒牧，pp.95-96；Chatterjee, p.67）

與安慧的說法比較，護法採取另一方式說慚心所。他以崇善爲慚，拒惡爲愧。這是以積極的方式來說慚，不視之爲消極的羞恥感，而視之爲崇尚善行的做法。並且，在另一方面，他認爲慚心所有止滅惡行的副作用。

愧（apatrapā）是關連著世間多數人看，對罪過有厭惡之感。當事人想到惡事會受到世人所拒斥，當自己行惡時，便會被世人判爲惡人，因而感到不安。這愧心所亦有抑制惡行的作用，因既因做了惡事而感到不安，便沒有再做惡事的心了。（*Bhāṣya*, p.27；荒牧，p.96；Chatterjee, p. 68）

護法說愧，非常強調因做了惡事而受到世間的共同力量所拒斥和輕視。這種力量會以社會上的輿論壓力表露出來，或是以眾人的共同呵斥表現出來。

無貪（alobha）是滅除欲望。所謂欲望是對於迷妄的東西和人們的必需物品的愛著與欲求。若能滅除欲望，便不會愛著迷妄的東西和那些必需品，而予以厭棄捨離。安慧認爲這無貪心所亦具有去除惡行的作用。（*Bhāṣya*, p.27；荒牧，p.96；Chatterjee, p.68）

無瞋（adveṣa）是滅除憎惡，表現深厚的慈愛。憎惡會對眾生帶來危害與苦惱，使他們內心感到焦躁。若能滅除憎惡，便沒有這些情況發生。這無瞋亦有去除惡行的作用。（*Bhāṣya*, p.27；荒牧，pp.96-97；Chatterjee, p. 68）

護法解無貪與無瞋，比較哲理化，他是引入因果概念來作解的。他以無貪是對於三界的果和因，亦即種種存在的東西沒有愛著。無瞋則是對於苦痛的結果和原因都沒有怨恨。他何以特別要關連著苦來說無瞋呢？這則不得而知。

無癡（amoha）是去除愚昧無知的狀態。愚昧無知是對事物的性格不能如實地理解，對於業報的因果律及四諦的眞理無所知，又不尊敬佛、法、僧三寶。一反這種情況，即是無癡。這無癡也有去除惡行的作用。（*Bhāṣya*, p.27；荒牧，p.97；Chatterjee, pp.68-69）

勤（vīrya）表示在倫理方面趨附善的力量，能止滅懈怠心。倘若行爲爲煩惱所染污，而繼續增長，這則變成被批判的惡行，這正是懈怠。這勤心所具有有效作用，以完成倫理意義的善的多種修行。（*Bhāṣya*, p.27；荒牧，p.97；Chatterjee, p. 69）

護法解勤心所，較安慧爲深入。他以精進說勤，而精進正是大乘菩薩所修的六波羅蜜多中的一項，它能使人在修行中勇往直前，而不氣餒，最後能達修善斷惡的目標。

輕安（praśrabdhi）是滅除在身心上無比的迷妄與陷溺，使身心柔軟舒暢的心所。這些迷妄與陷溺使身心多方面受到限制，充塞著雜染法的種子，不能安然自得地活動。安慧強調心的輕安較身的輕安爲重要，它是瑜伽行者的一種喜悅輕快的心理狀態，有助於正確思維的進行。安慧更認爲，這種身心的輕安有助於轉依，或轉迷成悟，具有根絕煩惱的障害的作用。（*Bhāṣya*, p.27；荒牧，pp.97-99；Chatterjee, pp.69-70）

不放逸（apramāda）是專一無雜的心態，能驅除欲望，增長勇猛心，滅除散漫心。它的具體做法是棄絕倫理上的惡性欲望，通過實踐修行，體會倫理上的善性心境。這種心所能使人感到完全的充實滿足，又能推廣開來，令世間眾生得到充實富足感。（*Bhāṣya*, p.27；荒牧，pp.99-100）

護法解不放逸心所，以使三善根（無貪、無瞋、無癡）不斷精進來說，修習善行，防止惡行，最後能修善斷惡，令生活充實飽滿。

行捨（upekṣā）是內心的平靜。這涵有三個實踐階段：一、心總是保持平等的狀況。二、心處於寂靜狀態，而安定下來。三、心無所作爲，一切順其自然。安慧以爲，這內心的平靜有消除根本煩惱與隨煩惱的作用。（*Bhāṣya*, pp.27-28；荒牧，pp.100-101）

不害（ahiṃsā）即是不殺生，即是不拘捕生物而加以殺害，這是對所有生物的慈悲。一個具有慈悲心的人，見到他人苦惱，自己亦感到苦惱，他自然不會殺生。這是一種滅除其他生物受害受苦惱的心所。（*Bhāṣya*, p.28；荒牧，p.101；Chatterjee, p.72）

十二、第十二頌

【梵　文　本】mānadṛgvicikitsāś ca krodhopanahane punaḥ/
mrakṣaḥ pradāśa īrṣyātha mātsaryaṃ saha māyayā//

【梵本語譯】慢、見、疑。更之，隨煩惱是忿、恨與覆、惱、嫉、又慳、誑、

【玄奘譯本】煩惱謂貪瞋，癡慢疑惡見，
隨煩惱謂忿，恨覆惱嫉慳。（大31．60b）

以下討論煩惱心所。貪（rāga）是對於迷妄的事物與由這些事物而經驗到的享樂的固執與希求。它是產生苦惱事物的心所。這苦惱事物指五取蘊都統合於其中的生命存在。這貪對三種存在領域即欲界（kāma-dhātu）、色界（rūpa-dhātu）、無色界（arūpa-dhātu）的事物的渴求與愛著。（*Bhāṣya*, p.28；荒牧，p.102；Chatterjee, p.73）

瞋（pratigha）是對其他生物感到焦躁、厭惡，沒有慈悲心。這是生起苦痛生活與惡行的心所。對於苦痛生活（asparśavihāra），安慧進一步解釋說，人在焦躁不安時，會有憂惱的情緒，內心感到痛苦。這樣，不管是行、住、坐、臥，都沒有愉快的感受。（*Bhāṣya*, p.28；荒牧，p.103；Chatterjee, pp.73-75）

癡（moha）即是無知蒙昧狀態。對於如何免除苦惱，甚麼是涅槃，如何能達致涅槃，其中的因果關係爲何等問題，都一無所知。

這種無知蒙昧狀態能生成一切雜染法（saṃkleśa）。安慧進一步闡釋這雜染法有三種：煩惱、善惡業與作爲果報的迷妄的生活。（*Bhāṣya*, p.28；荒牧，pp.103-104；Chatterjee, p.75）

護法則在這裏強調這癡心所的根本性格是「於諸理、事迷闇」（大31·31b），是一切雜染法的所依。護法這樣說癡，直把它等同於無明，是佛教所謂人生最嚴重的煩惱。

慢（māna）是內心對自我的提高，把它看得很重要。對於自我與自我的所有加以增益，以「自我如何如何」、「自我的所有如是如是」的高調印象以抬高自我的優越的特性，把自己置於他人之上。這慢心所具有生起苦惱，阻礙尊敬他人之心生起的作用。（*Bhāṣya*, pp.28-29；荒牧，pp.104-105）

對於這慢心所，安慧進一步將它分爲七種情況。一是慢。對於在家世、能力、財產等方面較低的人生傲慢心，以自己高人一等。對於在這些方面與自己相近的人，雖知雙方均等，但也生起傲慢心。二是過慢。對於在家世、能力、財產等方面與自己同級的人，自己又以在喜捨、戒律、勇氣等方面勝一籌以自炫。對於在家世、學問等方面勝過自己的人，自己又以在能力、財產方面同級而生過度的傲慢心。三是慢過慢。對於在家世、能力、財產等方面勝一籌的人，又以自己在這些方面也是勝人一籌的想法而把自己提高起過。四是高慢。自己在自我、自我的所有方面都一無所是，而迷失了眞相，卻又以自我爲有、自我的所有爲有，視這種情況爲實在而加以固執，而生慢心，抬高自己。五是增上慢。即使自己未能證得較高的修行階位，卻以爲已經證得到了，而產生慢心，抬高自己。六是卑慢。對於在家世、學問等方面遠較自己爲優越的人，自己只以爲在這些方面稍爲遜色而已，而產生抬高自己的慢心。七是邪慢。自己沒有善德，而有惡德，卻以爲自己有殊勝的德行，而產生慢心，抬高自己。（*Bhāṣya*, p.29；寺本，pp.72-73；荒牧，pp.105-106）

見（dṛṣṭi）是環繞著身體是實在、是自我而令人產生煩惱的見解。這裏安慧對見作進一步分析，謂可再分爲我見、邊執見、邪見、見取、戒禁取等五種。由於過於繁瑣，這裏便不一一解釋了。（*Bhāṣya*, p.29；寺本，pp.73-74；荒牧，pp.107-108）

疑（vicikitsā）是對佛教所說的業報因果律、四聖諦的眞理與佛、法、僧三寶有種種惑亂的想法，不能顯然般若的智慧，去除疑惑。（*Bhāṣya*, p.29；荒牧，p.108）

十三、第十三頌

【梵 文 本】śāṭhyaṃ mado 'vihiṃsāhrīr atrapā styānam uddhavaḥ/
āśraddhyam atha kausīdyaṃ pramādo muṣitā smṛtiḥ//

【梵本語譯】諂、憍、害、無慚、無愧、惛沉、掉舉、不信，又懈怠、放逸、失念、

【玄奘譯本】誑諂與害憍，無慚及無愧，
掉舉與惛沉，不信並懈怠。（大31・60b）

十四、第十四頌

【梵 文 本】vikṣepo 'saṃprajanyaṃ ca kaukṛtyaṃ middham eva ca/
vitarkaś ca vicāraś cety upakleśā dvaye dvidhā//

【梵本語譯】散亂、不正知、惡作、睡眠與尋、伺。兩者各各有二種。

【玄奘譯本】放逸及失念，散亂不正知。
不定謂悔眠，尋伺二各二。（大31．60c）

以上兩首偈頌主要是說隨煩惱。實際上，由第十二頌後二句至第十四頌上二句共兩頌是用來說二十種隨煩惱的。隨煩惱（upakleśa）即是枝末煩惱，與根本煩惱對說。根本煩惱的作用很顯著，有很強的獨立性；枝末煩惱則是隨順根本煩惱而生起的，作用比較輕微。這二十種隨煩惱根據它們的作用範圍的大小，又可分爲三類：大隨煩惱八種，中隨煩惱二種，小隨煩惱十種。小隨煩惱有：忿、恨、覆、惱、嫉、慳、誑、諂、害、憍。中隨煩惱有：無慚、無愧。大隨煩惱有：放逸、失念、不正知、掉舉、惛沉、不信、懈怠、散亂。小隨煩惱可各自生起。中隨煩惱周遍地隨順不善心生起。大隨煩惱則周遍地隨順染心生起，染心指有覆的心。

忿（krodha）即是憤怒，內心對生活上受到損害感到焦燥，與憎惡之意相通。它其實是憎惡的一部份，是一種因受損害而來的憎惡感情。它具有引發以笞杖來進行懲罰的作用。（*Bhāṣya*, p.30；荒牧，pp.109-110；Chatterjee, pp.81-82）

恨（upanahana）是在敵意狀態持續下的怨恨心理。覺得自己受到損害，敵意難消。這具有使人不能保持忍耐心的機能，甚至產生報復的心理。安慧以爲，這恨與忿同樣表示某種特定狀態的瞋怒之意。（*Bhāṣya*, p.30；荒牧，p.110；Chatterjee, p.82）

護法解忿與恨比較細微。他以爲恨是內在的，忿則是較表面的。他認爲，我們在遇到不如意的事時，會先生忿，這忿會涉入生命內部，對事物或人物有怨懟，這便是恨。

覆（mrakṣa）是對自己自身的罪過隱瞞，假裝不知。這是癡的一部份表現。這種心所會帶來後悔不愉快的生活，這是由於隱瞞自己罪過會引起憂惱的情緒之故。（*Bhāṣya*, p.30；荒牧，pp.110-111）

惱（pradāśa）是以激烈粗鄙的說話進行咒罵。內心充滿憤怒與怨恨，變得焦燥不安。這亦是瞋怒的一部份。這惱會促發人透過言說來表現惡行，令人的生活過得不愉快。（*Bhāṣya*, p.30；荒牧，pp.111-112）

嫉（īrṣyā）是對他人的優越殊勝處苦苦思量，感到不安。見到他人受人布施，受人尊敬，具有良好的家世，有優越的宗教實踐，能夠聽聞善法，等等，自己感到苦惱羞慚。這也是瞋怒的一部份。這種心所亦會使人生起憂惱的情緒，不能愉快地過日子。（*Bhāṣya*, p.30；荒牧，pp.112）

慳（mātsarya）是吝嗇，與布施對立。自己受到布施和尊敬，而固執起來，執持生活上的必需品，不肯放棄。這是貪的一部份。由於這種心所，人總是不甘於即使是些微的損失，總是要聚斂財貨。

（*Bhāṣya*, p.30；荒牧，pp.112-113）

誑（māyā）是欺騙他人，表現虛妄的行爲。在外表上披露出來的德性都是虛假的，它們的根柢在貪與癡。這種心所只會帶來邪惡的生活，它的作用亦是那方面的。（*Bhāṣya*, pp.30-31.；荒牧，p.113.；Chatterjee, p.85）

諂（śāṭhya）是隱瞞自己的罪過，心術不正。採取一種以A代B的方式，引起混亂，以愚弄他人。持有這種心所的人，對受人布施與尊敬執著不捨，其底子是貪與癡。這種心所會構成對於理解眞理的障礙。（*Bhāṣya*, p.31；荒牧，pp.113-114；Chatterjee, pp.85-86）

憍（mada）是終日想著自己進入順境，得最大的歡喜的心理狀態。所謂順境是指家世高貴、身體健康、年輕力強、外表俊美、具足智慧和王者風範。由於對這些事情想得太多、太投入，自己也忘失了。這種心所常成爲根本煩惱與隨煩惱的依據。（*Bhāṣya*, p.31；寺本，p.81；荒牧，pp.114-115；Chatterjee, p.86）

害（vihiṃsā）即是殺生，以殺害、束縛、擊打、威嚇等方式達到危害生物的效果。這是瞋心所的一部份，有傷殘生物的作用。（*Bhāṣya*, p.31；寺本，p.82；荒牧，p.115）

無慚（ahrī）是沒有慚愧之感，對自己自身所犯的罪過，不加反思，不感到羞慚。這是一種惡行，需以慚愧之心所來對治。（*Bhāṣya*, p.31；荒牧，p.115）

無愧（atrapā）是不知羞恥，對自己所犯的罪過，在他人面前，不感到羞愧，也不反思。這是一種惡行，可以羞恥心所來對治。這種無愧心所有助長根本煩惱與隨煩惱的機能。（*Bhāṣya*, p.31；寺本，p.82；荒牧，pp.115-116）

對於無慚、無愧這兩種心所，護法主要強調有這種心理狀態的人，通常都不關顧別人的意見，不講做人的準則，拒絕賢德的人勸諫，也不接納善法。結果都會產生種種惡行。

惛沉（styāna）是內心朦朧鈍重，不能自由自在地、暢順地運思。對一切都模糊不清，反應遲鈍。在這種心理狀態下，不能如實地理解對象。這種心所是癡的一部份，會助長根本煩惱與隨煩惱的生起。（*Bhāṣya*, p.31；荒牧，p.116）

護法對惛沉的理解，是強調具有這種心所或這種心所旺盛的人缺乏對當前事情的覺識，處於痲木無知狀態。同時未能集中精神或意識，將意向集中在一個固定的對象或事情上，而加以恰當的處理。

掉舉（uddhava）是心中不安定和混亂，不能靜止下來。這心所使人持續不斷地生起貪念，想起過去的談笑、歡愉與嬉戲的生活，而感到一片散亂，不能保持寂靜狀態。這種心所會妨礙對定心的修習。（*Bhāṣya*, p.31；荒牧，p.117）

不信（āśraddhya）是缺乏信仰、信念，信仰是相信業報因果之理、四聖諦的眞理和佛、法、僧三寶的說法，對於殊勝的德性有信心，以爲這些東西都是可以實現的。不信則是在這些方面持否定的看法。這具有增長懈怠心的機能。（*Bhāṣya*, p.31；荒牧，p.117）

護法說不信心所，是就事情的自體（實）、性格（德）、和作用（能）的缺乏和不接受而言，不但沒有這些東西，而且內心污穢，常常生起邪僻的想法。

懈怠（kausīdya）是對於實踐倫理上的善事氣力不繼，不能持續下去。這是需以勇猛精進的心意加以對治的一種惡行。這心所是屬於癡的一部份，有妨礙努力的善性修行的作用。（*Bhāṣya*, p.32；荒

牧，p.118）

放逸（pramāda）是內心爲貪、瞋、癡、懈怠等心所所操控，不能進行正常的修行，散漫心態籠罩一切。由於這散漫心的影響，致惡性行爲不斷增長，善性行爲不斷萎縮。（*Bhāṣya*, p.32；荒牧，p.118）

失念（muṣitā-smṛtiḥ）是內心被煩惱所染污，失去記憶、思念的能力。這種心所會使已入於三昧禪定的心變成散亂狀態，不能集中起來。（*Bhāṣya*, p.32；荒牧，p.118）

護法與安慧對失念心所的解釋都非常簡單，容格（C. Jung）則有較詳盡的闡述。有興趣的讀者，可以參考容格的心理學著作。

散亂（vikṣepa）指內心的流散不穩定狀態，是貪、瞋、癡心所的一部份。由於貪、瞋、癡心所的影響，內心的注意由禪定的對象移離開來，而處於混亂狀況。這種心所可使人不能從欲望方面超脫出來，使精神集中起來。（*Bhāṣya*, p.32；荒牧，p.119）

不正知（asaṃprajanya）是一種缺乏正確知識的心理狀態。這是由於智慧與煩惱混雜在一起，不能發揮正面功能的原故。安慧以爲，這種不正知心所具有使人犯上修行上的罪過的作用。（*Bhāṣya*, p.32；荒牧，p.119）

以上闡述了二十種隨煩惱心所。跟著安慧要說的，是幾種「不定心所」。所謂不定，是就著這些心所的倫理性格來說。它們不能確定地說是染或是淨，或傾向於染或淨，所以說爲不定心所。即是，「不定」的主要意義是在善、惡、無記的性格方面不定。

悔（kaukṛtya）是做了壞事，內心覺得後悔。這是由於做了壞事後，內心進行反思，而感覺慌亂的原故。這種心所對於心進入安定狀態有妨礙作用。（*Bhāṣya*, p.32；荒牧，pp.119-120）

眠（middha）是不能自由自在地運作，而有些微收斂狀況。即是，心的運作不能維持身體的態勢，而失去自由度。而心亦不能藉著眼等認識能力作爲通道而運作。這是癡的一部份，會影響正常的修行實踐，使它擱置下來。（*Bhāṣya*, p.32；荒牧，p.120）

護法對於眠這種心所，有較獨特的說法。他稱它「昧略爲性」（大31・35c）。昧是闇昧，失去光明；略是輕略，處於休眠、不活動狀態。這昧略會妨礙智慧的觀照，讓人不能見到正法或眞理。

尋（vitarka）是理論地思索，在求道與究明中表現某種特定的思想與般若的智慧，明晰地辨別事物的善惡的性質。不過，安慧以爲，這種尋的作用，還是粗雜的，不夠精細。（*Bhāṣya*, p.32；荒牧，p.121）

伺（vicāra）是較深入的思索，本著某種特定的思想與般若的智慧以進行玄妙深遠的探尋。安慧以爲，這尋與伺分別表示粗雜的思索與精細的思索，處理粗大的對象與細微的對象。（*Bhāṣya*, p.32；荒牧，p.122）

關於「二各二」，安慧認爲此句的主詞是悔、眠、尋、伺四種不定心所。這四種不定心所分二組，即悔、眠是一組，尋、伺是一組。這二組各有善、惡兩種性格。這便是「二各二」。就其疏釋的文字而言，四種心所組成兩組，每組的心所各有善、惡兩種性格。所謂「二組」，是一組有二分子，另一組也有二分子。這即是：悔與眠是一組，尋與伺是一組。這四種心所，各有兩種性格，這即是染污和不染污的性格（亦即是善、惡二性）。（*Bhāṣya*, p.32；荒牧，p.122）

安慧的這種解釋，與護法的極爲接近。

世親的《三十頌》以六首偈頌闡述心所問題，到此已經完結。胡塞爾的現象學未有注意心所或心理狀態。在弗洛依德（S. Freud）

與容格（C. Jung）的心理分析、精神分析和深層心理學中有多方面的描述。特別是容格的深層心理學或潛意識的學說，與阿賴耶識、末那識及伴隨它們的心所思想很有相通處。在這些方面作些比較研究，將是一種繁瑣但很有意義的事。

十五、第十五頌

【梵 文 本】pañcānāṃ mūlavijñāne yathāpratyayam udbhavaḥ/
vijñānānāṃ saha na vā taraṅgānāṃ yathā jale//

【梵本語譯】五識在根本識中隨緣而生起。或是一齊，或不是一齊。這像在水中種種波浪的生起那樣。

【玄奘譯本】依止根本識，五識隨緣現，
或俱或不俱，如濤波依水。（大31．60c）

《三十頌》詳列出唯識學的心所後，便集中在五種感識和意識方面，主要是說它們的現起問題。即是說由種子依緣而現起，變成實際的識的活動。在這裏，安慧提出一個問題：在阿賴耶識作爲一切存在的根據，或根本識的背景下，眼等五種感識或現前識是在同一時間現起呢，抑是只有一種現前識生起，而不能有兩種以至多種現前識生起呢？對於這個問題，安慧提到，經量部（Sautrāntika）的人會這樣答覆：在一個時間中，只能有一種現前識生起，不能有兩種或多種現前識生起。其理由是，直前生起的識，作爲等無間緣（而消失），未能滿足二種或多種現前識在同一時間中生起的條件。安慧又提到另一不同的說法，這說法以爲，在同一時間中，只有一種或可有多種現前識生起，是沒有一定的。倘若只有一種作爲等無間緣的條件存在，則只有一種現前識生起，但同樣地，只要這條件（繼續）存在，應可有兩種或多種現前識生起。（*Bhāṣya*, p.33；荒牧，pp.125-126；Chatterjee, pp.95-96）

安慧跟著解釋本頌。他提到，五種現前識是與接續著它們而發揮其作用的第六識成為一體的，他強調這第六識是思考的心識。（*Bhāṣya*, p.33；荒牧，p.127）按安慧這種說法，實未有回應上面提出的問題。不過，他可能有這樣的意思：五種感識可與第六識成為一體，則如第六識不斷發揮作用，不斷現起，則與它成為一體的感識亦可跟著生起，亦即同時生起。安慧是否有這個意思呢？我們不能確定。關鍵在與第六識成為一體的確定意思是甚麼。

跟著安慧即就現前識或感識的現起提出阿賴耶識稱為根本識的兩個理由。其一是阿賴耶識是使五種現前識實現出來的潛在力或種子的存在根據，它們只有基於阿賴耶識才能生起。其二是在六道中輪轉的眾生在轉生時，需要藉著阿賴耶識來統合迷妄的新生的生命個體的多方要素。這是解釋「依止根本識」。至於「五識隨緣現」，安慧的解釋是，現前識的顯現，是由種種條件來決定。甚麼條件會決定甚麼現前識的產生，不會混亂。[1]關於「或俱或不俱」，安慧解為五種現前識可以在同一時間中生成，也可以在相續的瞬間生成。[2]最後對於「如濤波依水」，安慧視之為一個比喻，比喻現前識依阿賴耶識作為根基而在同一瞬間或不同瞬間中現起，像水面的波濤依水本身而湧現起來那樣。（*Bhāṣya*, p.33；荒牧，pp.127-128）

---

1 按這種解釋，顯然與上面提到的經量部的說法不同，後者只空泛地提到等無間緣的問題，完全未有涉及特別的條件使特定的識生起。

2 按這則近於上述另一不同的說法。

這裏要注意的是安慧在開始解釋這首偈頌時所提出的問題：在阿賴耶識作爲一切存在的根據或根本識的脈絡下，眼等五種現前識是在同一時間生起呢，抑是只能有一種現前識生起，而不能有兩種或多種？對於這個問題，世親偈頌中的「依止根本識，五識隨緣現」，特別是「隨緣現」的答覆，說五識是隨順條件（緣）而顯現，是一個原則性的說法，沒有具體說到五識如何隨緣現。護法的答覆「隨緣現顯非常起。緣謂作意、根、境等緣。謂五識身，內依本識，外隨作意、五根、境等眾緣和合，方得現前」，（《成論》，大31·37a）對於緣的所指，有具體的交代。但「隨緣」的五識如何「隨」法，而得顯現，則仍沒有說清楚。

在這一點上，安慧便交代得很清楚和確定。他關連著波浪這個比喻解釋說：

> 廣大的河川的流水（vaha）在流過時，倘若只有生起一個波浪的條件（pratyaya）存在，則只有一個波浪生起。倘若有生起兩個或三個或多個波浪的條件存在，則有兩個或三個或多個波浪生起。……同樣地，阿賴耶識作爲存在的根據、存在的基礎，倘若只有生起一種現前識的條件存在，則只有一種現前識生起。倘若有生起兩種或三種以至五種現前識的條件存在，則在同一時間內可有兩種或三種以至五種現前識生起。（*Bhāṣya*, pp.33-34；荒牧，pp.128-129；Chatterjee, p.97）

安慧跟著引下列偈頌作補充：

ādānavijñānagabhīrasūkṣmo ogho yathā vartati sarvabījo/
bālā eṣāmapi na prakāśite mohaiva ātmā parikalpayeyuḥ//

（*Bhāṣya*, p.34, ll.3-4）[3]

這正是在《解深密經》（*Saṃdhinirmocana-sūtra*）中出現的著名的偈頌：

阿陀那識甚深細，一切種子如瀑流，

我於凡愚不開演，恐彼分別執爲我。（大16・692c）

其中「阿陀那識」（ādānavijñāna）即是阿賴耶識。關於這首偈頌，學者多有述及，這裏便不多贅。它主要澄清阿賴耶識含藏一切事物的種子或潛勢力（potentiality），它不是實我實法，而是生滅的心識，更是下意識層的心識，故甚爲「深細」，不易察覺。對於上面提出的問題，安慧的答案是：現前識能否生起，主要看它們生起所需的條件是否存在而定。若有眼識生起的條件，則眼識會生起。若有其他現前識生起的條件，則其他現前識會生起。故在同一時間中，可有一種或多種現前識生起。這生起當然是依於阿賴耶識的，因現前識的種子都藏於其內。至於在同一時間內有多種現前識生起，意識能否一一加以留意，那是另外的問題了。

3　寺本本於vartati作varati, mohaiva作māhaiva，皆誤。（寺本，p.92）

十六、第十六頌

【梵 文 本】manovijñānasaṃbhūtiḥ sarvadāsaṃjñikād ṛte/
samāpattidvayān middhān mūrchanād apy acittakāt//

【梵本語譯】在一切時中，意識都會現起。除了無想果、二定、無心的睡眠與悶絕之外。

【玄奘譯本】意識常現起，除生無想天，
及無心二定，睡眠與悶絕。（大31・60c）

這裏討論第六意識的現起情況。安慧提出一個問題：第六意識是在與眼識等現前識或感識一體作用時現起，抑或是在眼等感識不作用時也現起呢？這意識有沒有完全不現起不作用的時候呢？這便是世親在第十六頌中所說的，即是，意識通常是恆常地現起作用的。但在以下五種情況下是例外。即在這五種情況下，意識是不現起作用的。

第一是受生於無想天（āsaṃjñika）的情況。安慧以爲，無想天是指連概念的構想都沒有的神靈世界。受生於這個世界中的眾生，是不會起任何心念和心理狀態的。（*Bhāṣya*, p.34；荒牧， p.132）護法對無想天的理解也相近，他用「想滅」字眼（《成論》，大31・37b），表示沒有念想的狀態。沒有念想，表示意識不起作用。

第二、三種情況是受生於無想定及滅盡定中。安慧對無想定

（āsaṃjñi-samāpatti）的解釋是極其深層的心識中的禪定，在這禪定中，任何概念的構想都不生起。滅盡定（nirodha-samāpatti）指在極其深層的心識中的禪定，在這禪定中，包括平靜的情緒與概念的構想在內的一切心念都滅除淨盡。所謂「在極其深層的心識中」「任何概念的構想都不生起」的禪定，據安慧的解釋是這樣，修行者滅除了在第三位禪定中的愛著的貪欲，但未能滅除在此位之上的禪定階位中的愛著的貪欲，於是他觀想一種自由自在的解脫境界，那是由超越這些貪欲而達致的。最後他止息了第六意識的活動，亦止息了與它結成一體的其他心理狀態的活動。安慧特別指出，這種止息了第六意識與其他心理狀態的無想定，是作爲一切存在依據的阿賴耶識的特定狀況。至於所謂「包括在極其深層的心識中的平靜的情緒與概念的構想在內的」「一切心念都滅除淨盡」，據安慧的說法是這樣，修行者滅除了無所有處的禪定世界中的愛著的貪欲後，任何迷妄都不存在了，他便感到自己已獲致至寂至靜的禪定，不再有意識及與它結成一體的心理狀態的活動，甚至染污的末那識的活動也止息了。安慧也指出這種滅除了一切的禪定，是阿賴耶識的特定的狀況。（*Bhāṣya*, p.34；荒牧，pp.132-134；Chatterjee, pp.99-100）對於這無想定與滅盡定兩種禪定境界，安慧強調貪欲與概念的構想的滅除，最後意識與下意識的末那識活動都停息了。護法則特別強調貪念的處理與伏滅。在無想定中，滅除「遍淨貪」，這是極細微的貪念。在滅盡定中，則滅除「無所有貪」。在這兩種禪定中，幾乎一切貪念都滅除，只是還存有一種所謂「上貪」而已。這是在非想非非想的層次中仍存有的極其隱微的貪念。（《成論》，大31・37b～c）這種「上貪」，大概要到轉識成智完成，才能徹底滅除了。

第四種情況是睡眠（middha）。這又作無心的睡眠（acittaka-middha）。安慧的解釋是深沉的睡眠狀況抑制了作爲一切法的依止（āśraya）的阿賴耶識，因而意識不起作用。（*Bhāṣya*, p.34；寺本，p.95；荒牧，p.134）按這種解釋，並不能令人明白，何以阿賴耶識被抑制，意識便不能起作用。是不是阿賴耶識中的意識種子被抑止而不能現行成意識呢？安慧並沒有進一步的交代。

第五種情況是悶絕（mūrccha）。這又作無心的悶絕（acittaka-mūrccha）。安慧的解釋是，悶絕即是昏倒，不省人事。在這種情況，由外面偶然襲來的衝擊，或身體內的風、膽汁和粘液在作用上不協調，使阿賴耶識陷於不調和狀態，而使意識不能生起。（*Bhāṣya*, p.34；寺本，p.95；荒牧，p.134）

最後，安慧又提到，眾生止息了概念的構想，停止了意識的作用，則如何又能再度生起這些作用呢？安慧認爲，意識必須要再能作用，眾生才不會死亡。意識之能再起作用，那是由於阿賴耶識引生的。因爲阿賴耶識含藏著一切心識包括意識的種子。（*Bhāṣya*, p.35；荒牧，p.135）按這種解釋也不能令人滿意。倘若阿賴耶識陷於不協調狀態，意識便不能生起。這意味若阿賴耶識是在調和狀態，意識便能生起。但阿賴耶識如何能由不調和狀態變爲調和狀態呢？它是眾生生命的根本，甚麼東西具有足夠的力量能令阿賴耶識這樣改變狀態呢？

又安慧認爲，意識由止息狀態轉爲現起狀態，是要依賴阿賴耶識的。意識必須要能再度現起，眾生的生命才能維持，才不會死。不過，在這個問題上，由早期唯識學以來，都把維持生命個體的生命的任務，推委給阿賴耶識，而很少提及意識的。更早期的佛教徒更以「窮生死蘊」來交代生命之能代代延續下去的可能性。這「窮生死蘊」其實即相應唯識學的阿賴耶識。安慧在這個問題上，不知何以特重意識。即是說，即使意識不起作用，只要有阿賴耶識在，眾生的生命便能延續輪轉。意識不必是繼續生存的必要條件。

胡塞爾的意識較唯識學的意識在作用上具有更大的多元性，它可由其意向性或意向作用而生起現象世界，後者的內涵無所不包，與阿賴耶識所含藏的種子所概括的內涵相若。這意識是以意識流存在的，胡塞爾不大說單一的意識，雖然他有單一意識與綜合意識的分法。這綜合意識可向外投射而成就對象，故有存有論、宇宙論的意味，雖然這意味比較淡薄。唯識學的意識並沒有這種作用。

唯識學的意識是自我意識，但它的基礎是第七末那識。胡塞爾的自我，則是綜合意識作爲一個整體而成就的。他說意識，比較偏於絕對意識一面，而少涉及經驗意識。唯識學的意識則是經驗義、心理學義的。它要在轉識成智後成爲妙觀察智，才能與胡塞爾的絕對意識相提並論。

關於「意識常現起」一點，唯識學的意思是，在一般情況，意識是時常在現起、在作用之中，只有在睡眠（熟睡）等少數情況下意識才不起作用。在胡塞爾的情況，他把意識分爲經驗意識與絕對意識。而意識的現起問題，可與胡所說的自發性（Spontaneität）關連著來說。他認爲經驗意識缺乏自發性，因而不能說現起、說作用便能現起、作用。因此，經驗意識不能「常現起」，如唯識學所說那樣。但他認爲絕對意識具有自發性，能自發地現起以呈現本質

（Wesen），故可以說「常現起」。[1]

[1] 自發性（Spontaneität）這個觀念非常重要，它表示這種性格的載體是一種常自現起流行的活動。即是，絕對意識具有自發性，它即憑此一性格而爲一純粹活動（reine Aktivität）。倘若絕對意識需要另外的原因才能引發它的自發性而起作用，則這便違悖了自發性的「自發」的意義。「自發」表示完全是自己發動自己，不必依賴外在的因素才能發動自己。「自發」就詞義而言，即表示沒有外在條件使它發用，沒有甚麼時候自發，甚麼時候不自發的問題。也不表示絕對意識有時候靜止不發，有時候發動自己而活動起來。因自發性與絕對意識本身是同一的，絕對意識本質上便是自發活動，沒有不自發不活動的可能性。若有不自發不活動的可能性，則表示仍有自己以外的因素影響自發，這便不是眞正的「自發」了。《大乘起信論》的眞如心或心眞如有自緣起觀念，與自發性意義相近。這自緣起觀念使眞如心成一常自現起流行的活動，沒有靜止不動的情況。一言以蔽之，絕對意識是本體界的東西，它是超越時間的。它不能有有時自發地活動，有時不自發地活動的情況出現。

十七、第十七頌

【梵 文 本】vijñānapariṇāmo 'yaṃ vikalpo yad vikalpyate/
tena tan nāsti tenedaṃ sarvaṃ vijñaptimātrakam//

【梵本語譯】這識轉變是虛妄分別。一切由它而來而被虛妄分別的東西，都不是實有。因此，這一切是唯識。

【玄奘譯本】是諸識轉變，分別所分別，
由此彼皆無，故一切唯識。（大31·61a）

在安慧來說，這首偈頌非常重要，它是要論證識轉變（vijñāna-pariṇāma）的問題。安慧強調，我與法都是通過言說的假構而存在的，它們的存在，都依於識轉變。在識轉變之外，我與法的自體都是不可得的。（*Bhāṣya*, p.35；荒牧，pp.135-136）故我們可以說，安慧認爲這裏涉及識轉變的存在問題。

安慧這樣說：

> yatra vijñānapariṇāme ātmadharmopacāraḥ / sa punastridhe=tyuddiśya vistareṇa trividho 'pi nirdiṣṭaḥ/ idānīmātmadhar=mopacāro yaḥ prajñapyate sa vijñānapariṇāma eva na vijñ=ānapariṇāmātsa pṛthagastyātmā dharmā veti yatpratijñātaṃ tatprasādhanārthamāha / （*Bhāṣya*, p.35, ll.4-7）

其意是：在轉變中有我、法的施設（upacāra）。識轉變可以標識爲三種，可以一起詳細解說這三種（識轉變）。現在在這裏設想的關於我、法的施設，正是以識轉變爲本而成的，爲了確立這樣的宗旨，才說「沒有識轉變便沒有這我或法的存在」。安慧的意思很清楚，我、法的施設，是預認識轉變的，沒有識轉變，便沒有我、法的施設。這是以果推因的論證方式。其邏輯論式是：

$$p \supset q，\sim q \supset \sim p.$$

其中，p是我、法的施設，q是識轉變。其意是，有我、法的施設，即表示有識轉變，若沒有識轉變，便沒有我、法的施設。

有一點要注意的是，安慧釋文中的vijñānapariṇāme（識轉變）是處格或於格（locative），表示我、法的施設依於識轉變，在識轉變中發生，或以識轉變爲所依之意。[1]

護法是以見分和相分來說識轉變的，故在《成論》提出見分與相分來說，如我們在《唯識現象學１：世親與護法》中引護法所云：「所變見分說名分別，能取相故。所變相分名所分別，見所取故。」（大31・38c）玄奘翻譯《三十頌》的這首偈頌，亦提出「分別所分別」，即是以「分別」與「所分別」依次對應見分與相分。又如我們在《唯識現象學１：世親與護法》中所云，「分別」與「所分別」這兩個概念在梵文原偈中並未有對比地被提舉出來。可見玄奘的翻

1 安慧梵文釋中最後一句的vijñānapariṇāma，最後一字母－a本應是－e的，按梵文連聲（saṃdhi）規則，一字的末尾母音若爲e或o，如後面跟著的字的首字母爲a以外的母音，則e或o轉成a。在這裏，跟著vijñānapariṇāme的字是eva，首字母爲e，爲a以外的母音，故vijñānapariṇāme最後字母－e轉成－a。

譯是受到他宗護法唯識學的影響。

安慧對這偈頌的解釋，與護法很不同。他不提分別與所分別的對比，卻強調三重的識轉變（阿賴耶識轉變、末那識轉變、前六識轉變）的假構事物自體的作用。這些心識和種種心所流轉於欲界、色界、無色界而相續生成，挾持虛妄構想的對象而顯現出來。他又引述《中邊分別論》（*Madhyāntavibhāga-śāstra*）的文字作證：

> abhūtaparikalpastu cittacaittāstridhātukāḥ/（*Bhāṣya*, p.35. l.13）

其意是：心及各心所在三界（tridhātu）中次第流轉而生成，對不眞實的東西加以虛妄分別。故安慧以爲，識轉變或轉變的識本著阿賴耶識、染污末那識和前六識與各心所結成一體，起虛妄分別作用，假構事物的自體，以成就器世間、個體存在或蘊、界、處、色形、音聲等物。（*Bhāṣya*, p.35；荒牧，pp.136-137）安慧這樣說：

> tena trividhena vikalpenālayavijñānakliṣṭamanaḥ pravṛttivijñ=ānasvabhāvena sasaṃprayogeṇa yadvikalpyate bhājanamātmā skandhadhātvāyatanarūpaśabdādikaṃ vastu tan nāstītyataḥ sa vijñānapariṇāmo vikalpa ucyate/（*Bhāṣya*, p.35. ll.14-16）

其意是：依於含藏著阿賴耶識、染污末那識及（六）轉識的自性及其相應心所的三種分別而被分別構想出來的器世間、自我、蘊、界、處、色、聲等事物是不實在的。這識轉變亦被界定爲（ucyate）計執的構想。按安慧便是這樣以識轉變爲心識及其心所假構自體，以成就萬事萬物，不提分別、所分別，或見分、相分。不過，他很強調識轉變便是計執的構想或分別這一點，對於它在生活上的負面作用有很強烈的意識。

進一步，安慧對識轉變有更深刻的闡釋。他特別留意由識轉變的假構作用而形成的事物實質上並沒有存在性一點的理解問題。他承接存在需要條件才能生起的說法，強調必須要全部條件都現前，而且沒有絲毫反對條件，存在才能生起。不過，其中也有例外。識作爲一種存在，本來要以對象作爲條件，才能生起。但安慧以爲，在幻影、乾達婆城（gandharva-nagara）[2]、夢和某種眼病的情況，即使甚麼對象都沒有，識都能生起。若識的生起必須要有對象作爲條件，則在沒有對象的幻影中，識便不能生起了。在這裏，安慧提出一個結論，即是，識之能挾持某一對象的形相，把它顯現出來，而使自己生起，是基於同一種類的識在過去滅去而留下潛勢力或種子的，而這同一種類的識也是挾持相同的對象的形相，把它顯現出來，而使自己生起。（*Bhāṣya*, p.35；荒牧，pp.137-138）

按安慧在這裏所提出的結論，對於了解他的識轉變的意思，非常重要。即是，他不以分別與所分別或見分與相分的對比模式來說識轉變，卻以在前後兩個瞬間出現的識來說。這兩個識是同一種類的，而且它們都是挾持相同的對象的形相而生起的。這樣理解，則在前後兩個瞬間出現的識便有因果關係。這完全符合安慧在解《三十頌》第一頌時特別提出他對識轉變的理解方式：在因的剎那（kāraṇa-kṣaṇa）滅去的同時，有與它相異的果（kārya）得到自體（ātman）生起。在這裏說剎那，其實是方便借說，並不是嚴格地說的時間義，而是理論義、邏輯義。說「因滅果生」也是一樣，不

2　指海市蜃樓所影現的城鎮。

是時間義，而是理論義、邏輯義。

又在這個結論中，安慧提到心識挾持某一對象的形相，把它顯現出來，而使自己生起。這並不表示心識之外有實在的對象存在，心識並不是基於在它之外的實在的對象而使自己生起。安慧認為，即使沒有在心識之外的實在的對象，心識仍能挾持對象的形相而生起。（*Bhāṣya*, p.35；荒牧，p.138）在這裏，心識挾持對象的形相而生起中的「對象」，照安慧所說，是不能在心識之外獨立存在的，這是唯識的立場使然的。安慧又不立相分，因而它的來源終是一個知識論以至存有論的問題。安慧在這裏未有提供妥善解決之道，他不能像經量部（Sautrāntika）那樣承認外界事物的實在性。

最後，安慧提出唯識的立場：

> yasmāt pariṇāmātmakena vikalpe na yadvikalpyate/ tena tannāsti/ tasmād vipayābhāvāt/ sarvaṃ vijñāptimātrakam/ （*Bhāṣya*, p.35. ll.28-29）

其意是，依於這種以轉變為本性（ātman）的構想而被假構出來的東西，是不存在的。因此，由於對象不存在，一切都只是識（vijñaptimātrakam）。

關於對象問題，護法的解決方式是以識變現為相分與見分，由相分說對象及對象的形相，識便以見分（其實即是自己）來了別這形相而執取之。這種說法在一定程度內解決對象或形相的來源問題。但離識之外不能有獨立的對象存在的立場，則是不變的。

對於這外界實在問題，胡塞爾的處理方式比較複雜。他言意識與意向性。在說意識，他傾向於意識具有建構對象的功能。他以意識所提供的意義（Sinn, Bedeutung）來說對象，來鎖定對象的內容（Inhalt），而這內容又集焦於一致性（Einheit）方面。在這一點上，他並未有說意識變現對象的宇宙論式的陳述。他是堅持理性的理路的。但在說意向性方面，他則強調意向性指向對象，而不說意向性構架對象。這樣便有預先設定對象的存在的意味，存在於意向之外，但這樣的存在的來源如何解釋呢？它如何生成？如何可被我們所知？這便不大明朗了。

十八、第十八頌

【梵 文 本】sarvabījaṃ hi vijñānaṃ pariṇāmas tathā tathā/
yāty anyonyavaśād yena vikalpaḥ sa sa jāyate//

【梵本語譯】識實際上是具有一切種子的。這轉變，由更互的力，這樣這樣地運行著。依於此，各自的虛妄分別便生起。

【玄奘譯本】由一切種識，如是如是變，
以展轉力故，彼彼分別生。（大31．61a）

這首偈頌說作爲一切種子識的阿賴耶識作出種種變化，通過種子與現行的互動作用，種種現行識的虛妄分別便生起了。對於這首偈頌的詮釋，安慧首先提出一個問題：倘若一切存在都不能離於心識，沒有創造者（作者）、創造的憑依（工具），沒有作者運動本識阿賴耶，也沒有創造憑依的因由，則怎會有這樣對於自性的構想現前呢？提出這個問題後，安慧便展開對它的闡釋，強調阿賴耶識是生起迷妄存在的根本動力。他又對「轉變」（pariṇāma）一概念再作解釋，表示它指瞬間前後狀態的轉變。故我們可以說，識的「轉變」是就前後瞬間的識的不同狀態而言。（*Bhāṣya*, p.36；荒牧，pp.139-142）

在這裏安慧提出一個很重要的訊息，他認爲轉變（pariṇāma）指前後狀態的轉變。若說是「識」轉變，則是指識的前後狀態的轉變。他解轉變，止於此而已，解識轉變，亦止於此而已。他並未有把轉變解作分化、分裂，更未提出識轉變是識分化、變現爲見、相二分，如護法那種說法。至於他強調阿賴耶識是生起迷妄存在的根本動力，顯然是回應他自己提出有關自性構思的來源的問題。即是說，阿賴耶中藏有妄識特別是虛妄意識的種子，這種子現行成意識而作虛妄的構想，於是自性的假設便出來了。

實際上，對於這首偈頌，安慧主要強調阿賴耶識與七識的相互因果關係。他分兩點來說：

> 1.七識現起時，各各增長自身的基礎力或種子而作用，這些種子可以生起類似自己前因的果。因此，七識以其種子作爲條件，而成爲轉變中的阿賴耶識的因。
>
> 2.這轉變的阿賴耶識又可成爲七識的因。（*Bhāṣya*, p.36；荒牧，p.142）

我們大體上可以這樣理解安慧的意思。在第一點中，七識是因，阿賴耶識是果。作用後的七識的種子藏於阿賴耶識中。在第二點中，阿賴耶識是因，七識是果。藏於阿賴耶識中的種子各各現行而生起相應的果，或相應的七識。安慧認爲，阿賴耶識與七識便是這樣以同時是因與果的身份而相互交合作用，而同時存在。因此，即使沒有作者，甚至是創造主的運作，計度自性的多種多樣的構想仍能從阿賴耶識中產生出來。不過，安慧在這裏有一點沒有說清楚，這些計度自性的種種構想，是由七識各自生起呢？抑是由阿賴耶識生起呢？按理應由七識各自生起，而生起的種種構想，以種子的模式存在於阿賴耶識中。阿賴耶識是下意識或潛意識，它不能自己具體地計度事物的自體而產生種種構想。

偈頌中提到「展轉力」（anyonyavaśa），以它作爲現行識的虛妄分別生起的原因。關於這展轉力，安慧說：

> tathā hi cakṣurādivijñāna svaśaktiparipoṣe vartamānam śaktiviśiṣṭasyālayavijñānapariṇāmasya nimittam so'pi ālayavijñānapariṇāmaḥ cakṣurādivijñānasya nimittaṃ bhavati/
> （*Bhāṣya*, p.36, ll.13-15）

其意是：眼等識在增長自己的能力（śakti）而存在時，是具有特殊能力的阿賴耶識的因。那阿賴耶識轉變亦是眼等識的因。即是說，眼等現識積聚自己的能力而成爲種子，種子藏於阿賴耶識中，由於種子是指阿賴耶識而言，故眼等現識可說是阿賴耶識的因。這是阿賴耶識依轉識。而阿賴耶識中的種子現行，又生起眼等現識。故阿賴耶識又是眼等現識的因。這是轉識依阿賴耶識。這種阿賴耶識與轉識的相互依待的關係，即是展轉力。

進一步看，眼等現識若是阿賴耶識的因，則這是指阿賴識中的等流種子（習氣）、異熟種子（習氣）在生長。這便相當於因轉變。阿賴耶識若是眼等現識的因，則這是指阿賴耶識中的種子生成眼等現識，其中的種子亦復強化已有的阿賴耶識。這兩者合起來，便相當於果能變。

這首偈頌最重要的概念，除了識轉變外，便是所謂展轉力。關於識轉變，安慧重提他解《三十頌》第一頌時所說的意思，指識轉變是識在前後瞬間在狀態上的轉變，未有說及見分與相分。這是與護法最不同的地方。關於這點，這裏不多贅了。至於展轉力，安慧視之爲阿賴耶識與轉識的相互依待的關係。即是，現識以種子方式藏於阿賴耶識中，這是阿賴耶識依待現識。而阿賴耶識的種子現行，而生起現識，這是現識依待阿賴耶識。護法則加入見分與相分的概念來詮釋。即是，護法以識變現見分和相分，以見分爲認識主體，以相分爲認識對象，而由見分去認識相分，便成就了別。照這種說法，展轉力是就著見分和相分在認識關係中的對峙狀態而說的。這種說法已預設了在種子現起時，識變現爲見分和相分，而以見分去了別相分。如果沒有設定見分和相分的生起，去解釋展轉力，就只能說爲由種子生起現行，現行又熏習成種子。前者是現行或現識依於種子或阿賴耶識，後者是種子或阿賴耶識依於現行或現識，這便和安慧的說法相同了。

在胡塞爾現象學的情況，所謂識轉變，可對應於意識構架對象（預設對象原先不存在），或意向性指向對象（預設對象原先已存在）。至於展轉力，則沒有相應的義理。意識沒有由種子現起而成現行識的情況，也沒有現行識熏成種子的情況。至於現行識與阿賴耶識的關係，我們只能說，每個生命體有多個單一意識，這多個單一意識可組合起來，而成一綜合意識，由之而說自我。這些單一意識可視爲與唯識的現行識相應，而綜合意識或自我可說相應於阿賴耶識。有一點很有趣，胡塞爾說意義（Sinn），它本來有本質的意思，但它不完全是抽象的，不是意識、思想的純粹妄構，卻是意向對象，呈現在意識面前，有種種相狀、性質，它可有千變萬化的顯現，而成就這個多姿多采的現象世界。胡塞爾便很強調它的顯現的（erscheinend）與表象的（vorstellig）性格。這有點像唯識的表象識（vijñapti），但也有點像藏在阿賴耶識中的種子發而爲現行，生起種種千變萬化的事物或現象，而出現多姿多采的現象世界。不過，這個類比只能到此爲止，意義畢竟不能說是種子，後者是經驗性格，是氣（玄奘便譯種子bīja爲「習氣」）。意義是本質義，和經驗的氣很難拉上關係。而在胡塞爾的現象學中，也沒有現行（種子現行爲識的現行）的概念。他只說到單一意識沿著一條射線指向對象，綜合意識則沿很多射線指向對象。而這對象是整個的，它屬於綜合意識本身，亦是在綜合意識中被建構的。我們只能把這綜合意識類比阿賴耶識，把對象在綜合意識被建構類比阿賴耶識向外投射種子而成器世間或經驗世界。我們不能在綜合意識中找到與種子相應的東西，更不能找到與種子現起而成現象世界相應的活動。

十九、第十九頌

【梵 文 本】karmaṇo vāsanā grāhadvayavāsanayā saha/
kṣīṇe pūrvavipāke ’nyad vipākaṃ janayanti tat//

【梵本語譯】業的種種習氣伴隨著二取習氣。前此的異熟盡時，又生起其他的異熟。

【玄奘譯本】由諸業習氣，二取習氣俱，
前異熟既盡，復生餘異熟。（大31·61a）

安慧首先提出，這首偈頌要討論的是，倘若一切都是唯識，則在今生中的迷妄的存在滅去後，來生的迷妄的存在又如何形成或結生（pratisaṃdhi）相續的問題。這其實是阿賴耶識在前後生命個體中的接續問題。他先把在偈頌中出現的業或行爲（karma）分成三種：一是能帶來有福的果報的行爲，所謂「福業」。二是會帶來災禍的果報的行爲，所謂「非福業」。另外是會帶來某種確定禪定階段的果報，所謂「不動業」。這些行爲積蓄起來，形成潛勢力，便是所謂「習氣」，或種子。這些習氣藏在阿賴耶識中，形成一種生成力，生命個體的未來的迷妄的存在便依這些生成力而來。（*Bhāṣya*, p.36；荒牧，p.144）

安慧的這種意思，是唯識學的通義，他只是在這裏作一種提醒而已。世親的偈頌說，業的種種習氣伴隨著二取習氣。跟著安慧便解釋這二取習氣（grāhadvaya-vāsanā）。這二取習氣都是執著，所謂「所取執」與「能取執」。安慧以爲，執取被認識的客體爲所取執，執取認識的主體爲能取執。他繼續予以發揮：

> 1.對於被認識的客體的執著，是本著這樣的判斷而來的：被認識的客體是自身自足的，它總是相續不斷地自我生成，獨立地存在，完全遠離認識它的心識而存在。
>
> 2.對於認識的主體的執著，是這樣的意思：去認識的心識，是以斷定的、確定的方式去理解、認知和把握被認識的客體的。（*Bhāṣya*, p.36；荒牧，p.144）

這裏我們看到，安慧解二取習氣，有相當濃厚的認識論意味。不管是所取執抑是能取執，都是在認識活動中顯示出來的執著。這與護法強調二取習氣對未來果報的召感作用不同，後者有很重的倫理學意味。

又世親的偈頌說到二種習氣：諸業習氣與二取習氣，安慧顯然較爲重視二取習氣。對於業習氣（karma-vāsanā）或諸業習氣，他只簡單解釋爲一切善性、惡性與非善非惡的無記性的行爲所積蓄下來的潛勢力。他提到諸業習氣協同二取習氣，在前異熟識或阿賴耶識的作用滅盡後，生起後起的阿賴耶識的作用，使輪迴的活動能夠延續下去。這阿賴耶識便是寄居於上面所說的迷妄的存在中。這種協同作用，猶如水等要素在植物的芽生長時協同它，使它能成長。這樣，安慧便解答了他的所謂結生（pratisaṃdhi）的問題。（*Bhāṣya*, p.37；荒牧，pp.145-146）

一般來說，佛教提到結生相續或輪迴的問題，多以業力來解釋。

即是，過往行爲以業的形式存留下來，不會消散。生命軀體死亡，但業的組合並不隨生命軀體的消失而變成無有，它會繼續存留，發揮作用，在新的生命軀體延續發展。唯識學則以阿賴耶識來概括這些業的組合，而成輪迴主體。早期佛教有業感緣起說，依業召感果報的原理來說生命的存續。安慧的說法比較整齊周延，以諸業習氣協同二取習氣而在阿賴耶識中作用，以使結生相續或輪轉能延展下去。這是在唯識學的脈絡下的典型說法。

對於阿賴耶識的結生相續的受生問題的說法，安慧有正面的評價。他認爲這種說法可以免除常見與斷見這兩種邊見。即是，在過去一直積存下來的成熟的果報在阿賴耶識中告一段落，這使阿賴耶識不必墮於常住的極端的狀態。而新的成熟的果報在阿賴耶識中形成，使生命持續下去，這又使阿賴耶識不必墮於斷滅的極端狀態。這便形成阿賴耶識的非常非斷的性格。（*Bhāṣya*, p.37；寺本，p.102；荒牧，p.147.）按阿賴耶識的非常非斷的性格，固然可以就安慧的這種說法來確認。不過，阿賴耶識在眾生的生命中，隨著眾生的活動和這些活動的熏習成種子藏於阿賴耶識中，不斷增加亦即是改變阿賴耶識的內容，使它不會總是停滯於某一固定狀態，這便有非常的意味。而阿賴耶識中的種子，雖然性質可以改變，但這改變是漸進式的，是一個緩慢的過程，因此阿賴耶識就整體來說，總是可以維持某一相當固定的狀況，不會有突發性的改變，這便是非斷。

跟著安慧提出要解決一個新問題，這即是有關阿賴耶識的存在的論證。這是護法所忽略的。要圓滿地建立阿賴耶識理論，便首先要面對這個問題，因爲它涉及阿賴耶識的現實基礎：阿賴耶識是存在的，雖然它是下意識，隱微難測。一切有關輪轉與還滅的思想，都要從這問題的解決開始。

安慧從經量部（Sautrāntika）的人的問難開始。他們提出，阿賴耶識是離開前六識而存在，只有它具有生起一切迷妄事物的潛在力量，前六識則不是如此。這是本於甚麼論據呢？安慧提出唯識學者的回應，一是以聖典爲依據，二是理論上的依據。首先是以聖典爲依據一點。他舉大乘的《阿毗達磨經》（*Abhidharma-sūtra*）中的一首偈頌來引證：

> anādikāliko dhātuḥ sarvadharma samāśrayaḥ/
> tasmin sati gatiḥ sarvā nirvāṇādhigamo 'pi vā//
> （*Bhāṣya*, p.37, ll.12-13）

這首偈頌的意思是：在無始時以來的生生流轉的根源，是一切事物的存在依據，由它開出眾生的種種界趣，以及涅槃境界的體證。[1]不用說，安慧是認爲這一切事物的存在的「依據」（āśraya），即是阿賴耶識。故根據聖典的說法，阿賴耶識在無始時來已存在。（*Bhāṣya*, p.37；寺本，pp.102-103；宇井，pp.121-122；荒牧，pp.147-148；Chatterjee, pp.110-111）不過，這種引經的證明，只表示訴諸權威而已，沒有義理上或理論上的效力。

安慧又提出理論上的依據。他指出，倘若沒有阿賴耶識，則迷妄的眾生的生生流轉或輪迴，以及還滅，都不可能。所謂生生流轉或輪迴，是指在某一界趣的眾生形成迷妄的存在而再生，這樣不斷

1　護法的《成論》也引過這首偈頌，玄奘譯爲：
無始時來界，一切法等依，由此有諸趣，及涅槃證得。（大31・14a）

相續下，所謂「結生相續」。而還滅則指以保留身體的存在（有餘依）或不保留身體的存在（無餘依）的方式證得涅槃的根本境界。

安慧的意思是，要使生生流轉和還滅涅槃都能實現，必須預認阿賴識的存在。關於生生流轉一點，安慧提到自遠古以前即已流行的十二因緣（dvādaśāṅgika-pratītya-samutpāda）的說法。他認爲，只有阿賴耶識是以迷妄的意志或行（saṃskāra）來推動的。[2]倘若沒有以行作爲其推動條件的識（阿賴耶識），則無限地延續下去的再生現象或生生流轉便不可能。進一步，安慧又提到十二因緣中的名（nāma）和色（rūpa）或個體存在（名與色合起來構成個體存在、生命個體。名是概念，傾向於指主體存在，色是物質，指生命的物質方面）。對於再生現象或生生流轉來說，名與色是第四條件，並不只是識存在。[3]最後，安慧展轉作出這樣的結論：就佛教的眞理來說，以無明（avidyā）爲條件，有行（saṃskāra）；以行爲條件，有識（vijñāna），這識是阿賴耶識，它積聚了行所引致的種種潛在勢力（即種子）。以這阿賴耶識爲條件，通過再生的方式，而形成迷妄的個體存在，或生命個體。（*Bhāṣya*, pp.37-38.；荒牧，pp.148-153；Chatterjee, pp.111-113）[4]

---

2 安慧把十二因緣中泛說的識（vijñāna）集中在阿賴耶識上來說，因爲識之上便是行（saṃskāra）。其實這並不符合思想史的說法，因在十二因緣提出時，尚未有確定的阿賴耶識的說法。

3 按在十二因緣的因果序列中，無明先行，依次是行、識、名色、……。

4 依十二因緣的說法，這個體存在相當於「有」（bhava）。在有之前，識之後，有名色、六入、觸、受、愛、取六個階段。安慧在這裏跳過這六個階段，由識直接說到有。他又主觀地把這識確定爲阿賴耶識。關於這最後一點，可以引起很多的諍議。這裏我們不擬多作討論。

關於還滅涅槃一點，安慧強調，無止境地重複再生的迷執的眾生要止息種種生生流轉的現象，（而獲致還滅的涅槃境界，）亦需預設阿賴耶識的存在。否則，還滅涅槃在理論上是不可能的。理由是，迷執的眾生之所以有生生流轉的現象，是依於行爲或業（karma）與煩惱（kleśa）而來，其中尤以煩惱爲主。即是，由於煩惱的主導作用，迷執的眾生才會持續不斷地活動和受生。種種煩惱實是迷執的眾生無止境地生生流轉的根本原因。只有消棄這些煩惱，眾生的無止境的生生流轉才會停止。跟著安慧提出阿賴耶識，說倘若沒有阿賴耶識，這些煩惱是不能消棄的。他展轉解釋，最後強調阿賴耶識正是這些煩惱的潛勢力聚合的處所，阿賴耶識統合了這些煩惱的潛勢力。安慧的論證其實很簡單：迷執的眾生的生生流轉源於種種煩惱，而種種煩惱有其潛勢力，這其實是種子，這些種子需要有一個聚合的處所，這即是阿賴耶識。這亦涵有這樣的意思，要能實現還滅涅槃，必須滅除煩惱，這即是要止滅它們的潛勢力或種子的聚居處所阿賴耶識。故阿賴耶識的存在是無可置疑的。跟著安慧即談到止滅這些煩惱的潛勢力的實踐方法。他指出，若能除去這些潛勢力，則身體不會再有煩惱的心理狀態或心所生起，這樣便能體證得仍有肉身存在的涅槃這種根源的境界。又若能止滅由過去世的業帶動活動而生起的現在世的肉身存在的生起，則不會再有接續而來的肉身存在生起，這樣便能體證得不剩餘有肉身存在的涅槃的根源的境界（無餘依涅槃）了。（*Bhāṣya*, p.38；寺本，pp.105-106；荒牧，pp.153-157）

最後，安慧作了一個總結。倘若阿賴耶識是存在的話，則迷執的眾生的無窮的生生流轉與其止滅，都有交代。即是說，阿賴耶識的設定使生生流轉與還滅涅槃二者都可以得到合理的安置與解釋。

不然的話，則兩者都不能說。安慧又把阿賴耶識與眼等感識作了一個區分，表示只有阿賴耶識能伴隨著一切迷執的眾生的生命力而存在，其他眼等感識則不能這樣。（*Bhāṣya*, p.39；荒牧，p.157）他的意思似乎是，只有阿賴耶識能解釋一切迷執眾生的生活現象，眼等感識則沒有這個性能。

若比對安慧與護法對這首偈頌的闡釋，安慧的《論釋》無疑是集中在對阿賴耶識的存在的論證問題上，這是有關第八識與流轉還滅的關係的大問題，在這方面加一把勁來作探討，無疑是必要的。護法則把重點放在習氣或種子的闡釋方面，這即是所謂「二取習氣」。說到阿賴耶識，他強調它的異熟性：異時而熟和異類而熟。他也很能留意作為異熟識的阿賴耶識的延續性問題，即由前一生命世代延展至後一生命世代，以至於無窮，只要輪迴活動是繼續下去的話。這便引出阿賴耶識作為輪迴主體的角色的重要性。輪迴活動是必須設定輪迴主體的，否則整個活動便不可能。故「異熟」的延續是挺重要的，這即是玄奘譯「前異熟既盡，復生餘異熟」的意思。不過，儘管護法很強調阿賴耶識作為輪迴主體的延續性性格，他並未有強烈地感受到要證立阿賴耶識的存在的重要性：沒有阿賴耶識的存在，則生死流轉與涅槃還滅都不能說。在這點上，即在阿賴耶識在存有論的意義上，他的觸覺沒有安慧那樣敏銳。日本方面的學者也很強調這點，他們的重要的唯識學研究的論著，幾乎全都討論及這個問題。

胡塞爾的現象學不談輪迴問題，也沒有輪迴主體觀念。輪迴主體相應於經驗意識，現象學要提升人的精神境界，通過本質還原或現象學還原，使經驗意識轉化為絕對意識。這絕對意識是超越的主體性，它是存有之源、價值之源；它超越時間、空間、因果等範疇，因而不在輪迴的範域之中，故不需要談輪迴問題。我們可以說，在現象學的體系中，並不存在相應於作爲輪迴主體的阿賴耶識觀念。

二十、第二十頌

【梵 文 本】yena yena vikalpena yad yad vastu vikalpyate/

parikalpita evāsau svabhāvo na sa vidyate//

【梵本語譯】不管甚麼樣事物依於甚麼樣虛妄分別而被虛妄分別，

這全是分別性。這不是實有。

【玄奘譯本】由彼彼遍計，遍計種種物，

此遍計所執，自性無所有。（大31・61a）

世親由這偈頌開始談論三性的問題。關於這個問題，我們在《唯識現象學1：世親與護法》中已作過很詳盡的闡釋。簡言之，三性或三自性（trisvabhāva）指存在事物的三種存在形態，這即是遍計所執性（parikalpita-svabhāva）、依他起性（paratantra-svabhāva）與圓成實性（parinịspanna-svabhāva）。[1]

這偈頌解遍計所執性。安慧以爲，它表示對於一切事物都加以虛妄構想，構想爲具有自性的東西，因而執取它們。其實它們都是沒有自性的。在這點上，安慧並沒有特別值得注意的見解。他在結

[1] 對於「性」（svabhāva），通常譯爲存在狀態。很多日本學者都持這種譯法。荒牧典俊則譯爲「實在」，三性即是三種實在。（荒牧，p.158）這種譯法，未必恰當，易生誤解。例如遍計所執性，怎能與實在相連呢？

論中說得很清楚：

> tasmāt sarvamidaṃ vikalpamātrameva tadarthasya parikalpitarūpatvāt/（*Bhāṣya*, p.39, l.17）

其意是：由於這個原故，這一切都只是構想，這對象是以遍計構想作爲體性的。他又引經中佛對須菩提（Subhūti）的一段話來引證，[2] 表示愚昧的凡夫執著事物的自體，其實這自體是不存在的。對於「種種物」中的「物」（vastu），安慧以之包含甚廣，它概括心的內、外所有的一切東西，以至從究極層次說的佛的種種功德，當然也包括心在內。（*Bhāṣya*, p.39；寺本，pp.109-110；荒牧，pp.159-160）

按安慧在上面引述的梵文原本中提到的「唯分別」或「唯構想」（vikalpamātra）一詞，與世親在《三十頌》中第十七頌說的「唯識」或「唯表象識」（vijñaptimātraka）在意思上完全是一樣的，都表示獨立於心識之外的對象是不存在的，一切都是源於心識。安慧是以構想或分別（虛妄分別）來詮釋心識的。在這點上，他與護法爲同調，後者也用「虛妄分別」字眼。（大31·45c）在胡塞爾現象學，則以一般人的自然的態度來說，以爲世界是存在的，外界是實在的。不過，胡塞爾並未以這種態度的錯誤是那麼嚴重，嚴重到一切煩惱都由它生起那種程度。

2　這經應該是《般若經》（*Prajñāpāramitā-sūtra*）系統的作品。

二十一、第二十一頌

【梵 文 本】paratantrasvabhāvas tu vikalpaḥ pratyayodbhavaḥ/
niṣpannas tasya pūrveṇa sadā rahitatā tu yā//

【梵本語譯】但虛妄分別是依他起性，由緣所生。然而，一切在這方面時常遠離前者的，是眞實性。

【玄奘譯本】依他起自性，分別緣所生，
圓成實於彼，常遠離前性。（大31．61a）

這首偈頌是論述依他起性與圓成實性。對於依他起，安慧亦無特別不同的見解。他解依他起爲一般事物都是依他緣而成。不過，他強調對於這些依他起的東西起執著或構想，是心和心所的作用。這些心和心所，在價值義的善性、惡性和無記性的範域中逐次流轉而生成。他並引述《中邊分別論》（*Madhyāntavibhāga-śāstra*）中的說法：

> 正是在這三界中逐次流轉和生成的心和心所，對於不眞實的東西進行計度構想。（*Bhāṣya*, p.39；荒牧， p.161；Chatterjee, p.118）

這與護法在《成論》中解依他起性爲「分別緣所生」（vikalpaḥ pratyayodbhavaḥ）是相應的，不過，後者傾向於從虛妄的角度來解說。（大31．46b）

關於「圓成實於彼，常遠離前性」，安慧視「彼」（在彼方面tasya）爲依他起，而「前性」的「前」（pūrva）則爲遍計所執。對於這種遍計所執或構想，安慧以被認識的客體（grāhya）與認識的主體（grāha）的關係來說。即是說，這種相對關係本來是不存在的，但卻被構想出來；而關係的雙方，即客體與主體，都被執取爲有實在性。安慧以爲，圓成實性或完全的眞實即成立於對這被認識的客體與認識的主體的絕對徹底的釋放中。而對於「圓成實性」的「圓」，安慧以「不變異」（avikāra）來說。這便是所謂「如性」，是本來如此，不變異的。（*Bhāṣya*, p.40；寺本，pp.111-112；荒牧，pp.162-163）

這裏有一個文獻學問題需要留意。偈中的「常遠離前性」與「前性」，梵文原偈的意思是若能恆常地遠離「前」之遍計執，便能成就眞如的「實性」。原偈的意思是「前」與「性」分開的，前者指遍計執，後者指圓成實。玄奘則譯爲「前性」，而成一「前」與「性」合起來的整一概念，指遍計執。安慧與護法的詮釋，都是依原偈意思解。特別是護法的解釋：「於彼依他起上，常遠離前遍計所執，二空所顯眞如爲性」（大31・46b），「前」與「性」各有所指，脈絡非常清楚。玄奘的「前性」連詞，顯然是誤譯。

在胡塞爾的現象學中，有沒有與「依他起」與「圓成實」相應的觀念呢？首先我們看依他起。胡塞爾現象學中的一個重要義理，是意識構架對象。從表面看，對象是依意識而立的，意識即是「他」，因而對象是依他起。不過，這裏所說的對象，主要不是指一般的具體的東西，如唯識學的我、法，特別是法，而是以意義（Sinn）言的，而意義是本質（Wesen），不是實在物。不過，我們也不應走得太遠，說意義完全是抽象的，它畢竟是意識的意向對象，它呈現在意識面前，有種種相狀、性質；就顯現言，它可以是多姿多采的。這便是所謂呈顯、呈現（Darstellung）。進一步，胡塞爾又有自我建構對象的說法，而自我是意識的統合模式。他仍然以意義說對象，這意義由主觀的自我（或意識的統合）導出，不是純然的獨立的客觀的物理對象。自我或意識是一活動（Akt），具有創發作用，它能建構對象，並且以已有的對象作爲基礎，構架新的對象。再進一步，他又提出「超越的交互主體性」（transzendentale Intersubjektivität），主體或自我即在這種交互關係與作用中建立對象世界。他並說對象的被建構，是有規律（Regel）可循的，故有一定的客觀性，不是純然的主觀的產物。但這規律究竟何所指，胡塞爾則未有詳細的闡述。至於圓成實性，可說是相應於通過現象學還原（phänomenologische Reduktion）後所達致的境界。在這種還原中，人的未經證驗的對存在世界的肯認的自然態度被擱置下來，人的經驗意識被轉化爲絕對意識，這絕對意識可觀取事物的本質。眞理便在這個脈絡中說，這可說是相應於唯識學的圓成實性。

連同再上面說的遍計執，我們可以說，在現象學中，找不到與唯識學的三性完全相對應的東西，畢竟現象學與唯識學是兩個相互獨立的哲學體系。胡塞爾所說的一般人的那種以世界爲存在、以外界爲實在的看法，其虛妄性遠不如三性中的遍計所執那麼嚴重；而構架對象的意識，也遠不如依他起中的「他」具有那麼確定的意義；胡塞爾心目中的眞理（Wahrheit），即使用明證性（Evidenz）來說，也沒有圓成實性中的眞如（tathatā）具有那麼濃烈的覺悟與救贖的（enlightened and soteriological）意味。不過，在這系統中，某種程度的相應性是有的。我們必須記取一點，胡塞爾的現象學是一種哲學，而且是觀念性、理論性很強的哲學；世親、護法和安慧的唯識學則除了是一套哲學外，也是一種宗教。他們看宇宙與人生，除了就現實的角度來看外，有另外的動機與訴求，因而他們的側重點便不同。他們是要得解脫的。胡塞爾呢？他只是要挽救歐洲科技文化的危機，要統合現象與物自身，和要爲哲學尋求一具有明證性的立足點而已，他沒有想到解脫的問題，也不求解脫。

二十二、第二十二頌

【梵 文 本】ata eva sa naivānyo nānanyaḥ paratantrataḥ/
anityatādivad vācyo nādṛṣṭe 'smin sa dṛśyate//

【梵本語譯】因爲這個原故，這與依他既不是相異，亦不是不相異。
這應說爲像無常等那樣。這個不見時，那個也看不到。

【玄奘譯本】故此與依他，非異非不異。
如無常等性，非不見此彼。（大31·61a）

這首偈頌是闡述圓成實性與依他起性之間的關係。安慧以「此」即是圓成實性。他解「故此與依他，非異非不異」，有很清晰的說明，邏輯性很強。依他的說法，那脫離了一切構想的不變異的如性或圓成實性，是一切存在的如如不動的法性（dharmatā），這法性與諸法或依他起的事物的關係，無論說別異（nānanya）或非別異，在理論上都不能成立。兩者不能是別異的理由是，倘若法性與法是別異的話，則由其他條件生成的法便不能被視爲從構想中解放開來而爲空的性格了。[1]另一方面，倘若法性與法是非別異，或不能說是別異，這則是相同的關係了。在這種情況下，法性便不能成爲在清

---

1 安慧似有這樣的意思，倘若法與法性爲別異，則二者相互隔斷，法便需與構想附在一起，而不能爲空。

淨的菩薩道中被悟得的對象了。[2]安慧繼續說，法性不能被悟得，它會和依他緣而生起的東西那樣，以一切雜染作爲它的本性，這些雜染是無盡頭地一直生成下去的。即是說，與法性相應的圓成實的存在與依他起的存在都成了雜染。（*Bhāṣya* p.40；荒牧，pp.164-165）

安慧這種論證方式，很明顯地是承襲龍樹（Nāgārjuna）的《中論》（*Madhyamaka-kārikā*）而來。這種方式是，如要論證a一命題，則會先假設a的反面，即～a，由～a推導出一些困難，這些困難多是與日常的世間知解有衝突甚至矛盾的困難。由於～a會導致困難，若要避免這困難的出現，則必須放棄～a這一前提。～a不能成立，邏輯地即得a爲眞確。這樣的論證過程，如下所示：

～a→d（困難）

～d→～（～a）→a [3]

關於「如無常等性」，安慧解釋，這法性或圓成實性與法或依他起的不能是別異亦不能是非別異的關係，與事物的無常性等與法的關係是一樣的，即事物的無常性等與法都有不能是別異亦不能是非別異的關係。安慧以爲，這是一種補充的說法。即是，自原始佛教以來述說的事物的無常性（anityatā）、苦性（duḥkhatā）、無我性（anātmatā），與在迷執狀態中生生流轉的事物，都有不能是別異亦不能是非別異的關係。其理由是，倘若這無常性等與生生流轉

---

2 安慧似有這樣的意思，倘若法性與法爲相同，則二者不能分開，法性便不能從法中起拔開來，成爲被覺悟的對象。

3 參看拙著《龍樹中論的哲學解讀》，臺北：臺灣商務印書館，1997，pp.9-10。

的事物是別異的話，則生生流轉的事物便會是恆常不變了。（亦即不能是無常了。）又相反來說，倘若雙方不是別異的話，則生生流轉的事物便會壞滅，而具有虛無的本質了。這是說不通的。[4]所以，事物的無常性等與法有不能是別異亦不能是非別異（即非異非不異）的關係。（*Bhāṣya*, p.40；荒牧，pp.165-166；Chatterjee, p.120）

關於「非不見此彼」，安慧亦是順著梵文偈原意即若不見圓成實，亦不見依他起的意思來解釋。這種解釋與護法在《成論》的解釋相若，而不似玄奘的翻譯那樣含混。安慧首先留意在甚麼問題之下提出「非不見此彼」（nādṛṣṭe ’smin sa dṛśyate）的說法。他表示倘若依他起的東西從被認識的客體和認識的主體所成的相對關係中完全地脫卻開來，則這些東西如何被認識呢？或者，倘若不被認識，則這些東西如何被確認爲存在著呢？（*Bhāṣya*, p.40；荒牧，pp.166-167；Chatterjee, p.121）

這個表示隱含甚麼訊息呢？如安慧自己暗示，圓成實是依一種無分別出世間智（nirvikalpa-jñāna）而得的，而依他起則是依一種後得清淨世間智（pṛṣṭha-labdha-jñāna）而得的。（*Bhāṣya*, p.40；荒牧，pp.167-168）我們可以這樣理解，「若不見圓成實，亦不見依他起」（nādṛṣṭe ’smin sa dṛśyate）表示，對依他起的認識，是依於對圓成實的認識的。這如何能說得通呢？此中顯然有這樣一個意思：認識依他起的後得清淨世間智是以認識圓成實的無分別出世間智爲依據

4　以生生流轉的事物會壞滅而爲虛無爲不通，其實不一定全對，問題是看壞滅與虛無哪一方爲主。生生流轉的事物自然是會壞滅的，但若壞滅後變成另外的東西，而不淪於完全的虛無，則無不妥。

或基礎而開出的。因此我們便可以說，倘若不見圓成實，亦即沒有無分別出世間智，則不能有由後者開出的後得清淨世間智，因而便沒有依他起。因爲依他起只能爲後得清淨世間智所認識。這樣了解，亦可補我們在《唯識現象學1：世親與護法》解非不見此彼的不足。而安慧在上面提出的「倘若依他起的東西從被認識的客體和認識的主體所成的相對關係中完全地脫卻開來，則這些東西如何被認識」一問題的意義，亦可於此得到交代。即是，相對的主客關係是由後得清淨世間智所開出的，脫卻這種關係，亦即否定了清淨世間智，依他起的東西自然不能被認識。

跟著安慧引《入無分別陀羅尼》（*Nirvikalpa-praveśāyaṃ dhāraṇī*）這部經典的話，表示通過在無分別智（按即無分別出世間智）之後體得的智慧（按即後得清淨世間智），便能知一切存在等同於幻影、陽炎、夢、響聲、水中月和幻化物體（nirmāṇa-kāya）。這一切存在，都是依他起的東西。（*Bhāṣya*, p.40；荒牧，pp.168-169；Chatterjee, p.121）

最後，安慧回到在依他起之上的圓成實，認爲圓成實性的智慧有如虛空（ākāśa），是智慧一味的無分別智，是無爲的（asaṃskṛta）；它本著同一的本質去理解事物，將之了知爲平等如虛空的如如本性，即是所謂如性（tathatā）（*Bhāṣya*, pp.40-41；寺本，p.114；荒牧，p.169；Chatterjee, p.122）。安慧是這樣說的：

> pariniṣpannaścākāśvad ekarasaṃ jñānaṃ ca yathoktaṃ nirvikalpena jñānenākāśasamatāyāṃ sarvadharmān paśyatīti paratantradharmānāṃ tathatāmātradarśanāt/（*Bhāṣya*, p.40, l.29~p.41, l.2）

這段文字有點重要性。安慧在這裏提出eka-rasa-jñāna，即同一味的智慧，這是觀照諸法的虛空平等性的智慧，亦即是觀照一切法的一如或眞如的智慧，是不起分別的，故也可說是無分別智（nirvikalpa-jñāna）。這種智慧應相當於護法《成論》所說的四智中的平等性智。但安慧這裏又說這種智慧是觀照諸法的圓成實性的。甚麼是圓成實性呢？這即是依他起的諸法的依他起性。說到依他，便不能不涉及諸法的具體內容，這是有分別的。不過，圓成實性所著重的，是依他起事物的依他起性，不管事物的具體內容爲何，它們都是依他緣而得成立。這點是相同的，是沒有分別的，是平等的。這便是安慧的eka-rasa-jñāna或一味智所要針對之點，故它應是無分別智。

關於三性說到這裏。這裏我們試就大處比較一下安慧與護法對三性的看法。如我在《唯識現象學1：世親與護法》中屢次強調的，在三性中，依他起是中性的，表示存在的根本結構。在這依他緣而生起的諸法上，如周遍地作虛妄計度，以爲它們有自性，而追逐執取它們，這便成遍計所執性。如視這些依他緣而生起的諸法爲依他起的性格，它們自身只是緣集而成，因而無獨立不變的自性；既無獨立的自性，便不去執取它們，不去追逐它們，只如其爲依他起而觀照之，這便成就圓成實性。對於這種說法，特別是依他起作爲根本結構的說法，護法有很仔細的意識。如他在《成論》中說：

> 心、心所及所變現，眾緣生故，如幻事等，非有似有，誑惑愚夫，一切皆名依他起性。愚夫於此橫執我、法、有、無、一、異、俱、不俱等，如空花等，性、相都無，一切

> 皆名遍計所執。依他起上，彼所妄執我、法俱空。此空所顯識等眞性，名圓成實。（大31.46c）

護法的意思很清楚，由於種種事物是「眾緣生」，故名「依他起」。愚夫在這依他起上，生種種計執，便成遍計所執。在依他起上空卻妄執，顯識等眞性爲空，爲無自性，便成圓成實。只是有一點，護法並未純然地視依他起爲中性，卻是有視它爲虛妄的傾向，他用「幻事」來作譬，又用「誑惑」字眼，便可見出他傾向從負面看依他起，不視之爲純然是中性的東西。安慧的情況則不同，他解三性，對依他起爲事物的根本結構，遍計執與圓成實只表示在依他起的東西上的不同處理方式這一點並沒有特別的意識。他對諸法的存在性格、存在形態並不如護法般有極細微的觀察，大概他是比較重視覺悟方面的事。

最後，對於唯識學的三性思想，特別是這種思想的發展脈絡，荒牧典俊有相當細心與恰當的檢視，這在他概述《三十頌》之前的各經論和《三十頌》本身對三性的說法可見。這些經論包括《菩薩地》（*Bodhisattvabhūmi*）、《解深密經》（*Saṃdhi-niṛmocana-sūtra*）、《中邊分別論》（*Madhyāntavibhāga-śāstra*）、《大乘莊嚴經論》（*Mahāyāna-sūtrālaṃkāra*）和《攝大乘論》（*Mahāyānasaṃgraha*）。荒牧注意到三性說法不見於《菩薩地》，它只有「四尋思」、「四如實遍知」的實踐法。至《解深密經》，則開始說三性。這可能是由於瑜伽修行者要爲新的菩薩道提供理論基礎或基本講造而提出的。即是在菩薩道的初階段，修行者體會得遍計所執性，認爲所執著的是存有或存在的自體或屬性，都只是構想而已。進一步，依他起性其實是古來十二支緣起的說法，瑜珈修行者體會到，一切迷執的存在的根據，不過是緣起而已。由此而引向「唯心」、「唯識」思想的建立。至於圓成實性，則指存在的如其本來是如此的如性。便是這樣，菩薩道的根本構造（按構造應有歷程、次序義）逐漸形成下來。即是說，遍計所執性是沒有的，依他起性則是在實在的脈絡下轉換而得，即是，依他起性有一定的實在性。最後的圓成實性，則是實在性的圓滿表現。

這種三性的說法，在《中邊分別論》、《大乘莊嚴經論》中有新的開展。在《中邊分別論》，三性在以遍計所執為中心被統一地再加以解釋。這遍計所執或構想的構造是這樣的，被認識的客體與認識的主體被構想出來。這客體與主體是不存在的，但構想它們的那種遍計執是存在的。自覺到這點，即能體會到客體與主體的空如本性。這是諸佛、諸菩薩與眾生的根本的、共同的眞理。到了《大乘莊嚴經論》，三性變成法界（dharmadhātu）的構造，成為諸佛、諸菩薩的體系化的實踐的基礎。又進一步到《攝大乘論》，展開較大規模的研究，集三性論的大成。

荒牧特別針對《三十頌》中第二十至二十五a、b、c（按即該頌前三句）這幾首偈頌，看它們的意思。荒牧認為，《三十頌》視具有「緣起」、「唯心」、「唯識」義的識轉變為一種計執、構想，並以此構想為中心，對三性重新定義（第二十、二十一頌），將它們理解為展現佛行、菩薩行的一種構造，其內容即是空如性、法界或根源界，強調依他起性與圓成實性的「非異非不異」的關係（第二十二頌a、b、c）。它特別論及依他起性，把它關連到懷著慈悲，以巧妙的方便說法，最後以所體得的智慧而得悟這些意義來（第二十二頌d）。

三性所表示的，是三種存在的自體都不可得的如性，是無自性的不生不滅、本來寂靜的狀態，這便是所謂眞理（第二十三、二十四頌）。[5]荒牧特別強調三性中的圓成實性，認爲它是大乘經典所謂「眞如」、「實際」、「無因相」、「勝義」、「法界」這些名相所表示的眞理，而三性正是眞理的豐富內容的攝集之所（第二十五頌a、b、c）。跟著便是有關瑜珈行者的菩薩道的構造的描述（第二十五頌d）。最後，荒牧提出這樣的結論：三性本來是瑜珈行者的菩薩道的根本構造，也是他們在轉依後所體得的如性、法界的構造，積集了無量豐富的佛行與菩薩行。在三性中，遍計所執性與依他起性交代了在生死流轉中的迷執的存在的構造；而依他起性與圓成實性則開拓出如性與法界，建構出覺悟的存在。荒牧更進一步表示，以依他起性爲中心，連繫出一條單純的眞理，由此可以融攝向上的菩薩道，亦能融攝向下的佛行、菩薩行。荒牧又強調，迷執的存在的「虛無」（Nichts）與覺悟的存在的「實有」（Sein）連繫而成一體，諸佛、諸菩薩、眾生不思議地運作會合而成的共同體（Menschenwesen）亦可以被融攝下來。這正是佛教最純淨的眞理「生死即涅槃」的體會處。[6]荒牧對三性說有很高的評價，他認爲這不單是融攝全部瑜伽行唯識思想的精純說法，且是印度佛教思想史的開展的精髓的眞理結晶。[7]

---

5 荒牧在這裏連三無性問題都提到了，也對它作了分析與概括。這三無性問題，我們會在下面跟著討論。

6 荒牧以上有關三性的包含思想史與義理分析的看法，見荒牧，pp.377-379，註13。

7 荒牧，p.374，註13。

對於荒牧典俊這樣闡釋、引申和概括《三十頌》的三性思想，我想最堪注意的是依他起性的意義。他以遍計所執性與依他起性來交代生死流轉一面，以依他起性與圓成實性來開出覺悟還滅一面，這顯然是以依他起性爲中介，通於生死流轉與覺悟還滅，關鍵在修行者如何對待依他起的存在。對它周遍計度而執取其自性，則會引致生死流轉的結果；對它如其爲依他起而視之爲空無自性，不加執取，則得覺悟還滅的結果。這與我一貫把依他起性定位爲中性的結構，同時通於染淨兩邊，因而有染依他與淨依他之分的說法，正可相互比較印證。

二十三、第二十三頌

【梵　文　本】trividhasya svabhāvasya trividhāṃ niḥsvabhāvatām/
saṃdhāya sarvadharmāṇāṃ deśitā niḥsvabhāvatā//

【梵本語譯】基於三種自性，因而有三種無自性。一切法的無自性便被說示了。

【玄奘譯本】即依此三性，立彼三無性。
故佛密意說，一切法無性。（大31·61a）

以上說畢三自性的義理，世親又提出三無性的說法來補充。安慧提出，既然說三自性，何故在經典中[1]有如下的說法呢？「一切存在都無自性，不生不滅。」[2]安慧表示，以上的偈頌是說三無性，正是回答經典中所提出的問題的。此中並沒有矛盾。（*Bhāṣya*, p.41；荒牧，pp.169-170；Chatterjee, p.122）

安慧解釋謂，所謂三無性或三無自性性是這樣的。關於遍計所執性，一個一個的存在或事物（dravya）都不具有它固有的本質相，因而沒有實在性，而是如如如此，這是「相無自性性」。關於依他起性，認識的主體與被認識的客體都不具有生成之事，因而沒有自

1　按這經典當爲《解深密經》。

2　這應是《解深密經》的說法：sarvadharmā niḥsvabhāvā anutpannā aniruddhā/

體的實在，而只是如如如此，這是「生無自性性」。關於圓成實性，在依他起的事物中，沒有遍計的實在，一切都是如如如此，這是最殊勝的眞理，所謂「勝義無自性性」。在這裏，安慧特別注意「一切存在」，所謂「一切法」（sarvadharmāḥ），而說它們都沒有本質或自體。即是，被構想、計執爲有本質的東西，具有依他者而生成的本質的東西，和具有在菩薩道中實現的完全的本質的東西，都不具有自體的實在，而只是如如地是如此。這便是有關它們的眞理。

（*Bhāṣya*, p.41；荒牧，p.171；Chatterjee, pp.122-123）

按對於「三無性」，安慧的意思顯然是，遍計所執性、依他起性、圓成實性三者雖然都以「性」（svabhāva）名，實際上三者都沒有常住不變的實體義的本質或自性。遍計所執性的「性」，是構想性格；依他起性的「性」，是依待性格；圓成實性的「性」，是在菩薩道上修得的境界。三者與那形而上的、不變的實體都不相應。

對於這三無性，安慧的解釋與護法大致上是相同的。特別是論到依他起的生無性方面，安慧說認識的主體與被認識的客體都不具有生成之事，即是，「生」只是一種擬設的現象，對於某些東西出現了，我們稱之爲「生」。這其實是我們思想中的一個概念，用來指述某東西從沒有的狀態變成有的狀態。在客觀世界裏，並沒有「生」這種具有生的自體的現象或東西。這正如他在解第二十四頌說實在的生成是沒有的。安慧是這個意思。護法說生無性，亦是表示「生」並不具有生的自性，世間並沒有具有自體的生這種現象。

二十四、第二十四頌

【梵文本】prathamo lakṣaṇenaiva niḥsvabhāvo ’paraḥ punaḥ/
na svayaṃbhāva etasyety aparā niḥsvabhāvatā//

【梵本語譯】第一，就特質一點而爲無自性。其次，此中不是自有。這樣所說的，是跟著的圓成實性的無自性。

【玄奘譯本】初即相無性，次無自然性，
後由遠離前，所執我法性。（大31·61a）

安慧跟著提出，三性中各種性各自沒有實體或實在而如如地是如此的情況是怎樣的呢？他認爲這首偈便是回應這個問題的。遍計所執性是「相無性」。安慧的解釋是，被構想、被計執的實在是沒有固定的本質相（lakṣaṇa）的，因而沒有自體的實在。這本質相只是暫時的概念施設而已。例如物質的東西（色rūpa）被視爲具有質量的本質相；感受（受vedanā）被視爲具有經驗的本質相。由於這樣被構想出來的實在不具有各各的自體，因此便是像空花那樣是不眞實的。依他起性是「無自然性」。安慧的解釋是，依他起的東西不是自然地本著其自身而生成的。這好像幻術的情況，只是依隨其他諸條件（他緣parapratyaya）爲基礎而生成某東西，並無自體的實在。安慧進一步說，這種依他起的生，只是被認識的客體與被認識的主體這樣的姿態顯現出來而已，實在的生成是沒有的（an-utpādam）。[1]這種由不生而引致無實在性即顯出如如的如性。（*Bhāsya*, p.41；寺本，pp.117-118；荒牧，pp.172-173；Chatterjee, pp.123-124）[2]

這裏有一點顯示出安慧與護法的不同，附帶指出。在對於遍計所執和依他起的事物上，特別是依他起的事物，安慧比較強調這些事物的被認識的客體（即所取grāhya）與認識的主體（即能取grāha）之間的對比、對立關係，這表示他是傾向以認識論的眼光來看遍計所執和依他起的事物的。在這一點上，存有論的意味便相對地變得淡薄了。護法的詮釋，則未有特別著重這種認識意義的關係。

---

1 安慧的意思應該是，被認識的客體與認識的主體的成立，只是識的方便施設而已，它們實在不是以具有各自的自性而生起。

2 此處安慧只清楚地解釋了前半偈，亦即：初即相無性，次無自然性。對於後半偈「後由遠離前，所執我法性」，或實際梵文的na svayaṃbhāva etasyety aparā niḥsvabhāvatā，則解釋得非常草率，與梵文偈的意思不大相應，故我們在這裏不作評述。

二十五、第二十五頌

【梵文本】dharmāṇāṃ paramārthaś ca sa yatas tathatāpi saḥ/
sarvakālaṃ tathābhāvāt saiva vijñaptimātratā//

【梵本語譯】因此，這是諸法的勝義。另外，這是眞如。因爲在一切時中，都這樣地是有。這正是所謂唯識。

【玄奘譯本】此諸法勝義，亦即是眞如，
常如其性故，即唯識實性。（大31·61a）

這偈頌繼三自性、三無性的說法，提出諸法的勝義、眞如，烘托出唯識眞理。對於諸法的勝義（dharmāṇāṃ paramārtha），安慧強調觀解的智慧方面，以之爲超越眾生世界內一切存在的智慧，是最殊勝的（parama）。在這智慧之上，再沒有其他更高的智慧了。而所謂「勝義」（paramārtha），即是由這種智慧悟得的眞理。[1]安慧繼續表示，這勝義好像空間（ākāśa）那樣，無論在何時何地都是具有同一實質的眞理，完全是清淨無垢的、沒有任何變化的眞理。在菩薩道中實現的完全的實在，便是這最殊勝的眞理。對於依他起的事物來說，這是最殊勝的眞理，是一切存在無自體的如其所如的法性（dharmatā）。對於作爲殊勝的眞理的完全的實在，安慧一再

---

1 這顯然是指三自性中的圓成實性，或與它相應的三無性中的勝義無性。

強調那種無自體的如其所如的眞如（tathatā）。（*Bhāṣya*, p.41；寺本，p.118；荒牧，pp.173-174；Chatterjee, pp.124-125）

對於這種最殊勝的眞理或眞如，安慧很強調它的常一不變性：「常如其性」。他認爲不管是在個別凡夫（異生）的階段，抑是在學習修行道（有學）的階段，或在不需要再學習（無學）的階段，在所有階段中，這眞如都是如如地存在，無任何變化的。這便是我們稱爲「眞如」的理由。（*Bhāṣya*, pp.41-42；寺本，p.119；荒牧， p.175）

按《三十頌》中的sarva-kālam，爲一切時中，玄奘譯爲「常」，安慧則加以發揮開來，指不管對於哪一種身份的人，或是凡夫，或是有學，或是無學，這眞如都是如如不變。倘若說「一切時」，則可以只限於一個主體，其普遍性是不足夠的。但如取安慧的意思，則可適用任何主體，這樣便具有完全的普遍性。即是，眞如之作爲常一不變的眞理，對任何主體都有效，因而它具有完全的普遍性。

至於「唯識實性」（vijñaptimātratā），世親的偈頌點明這眞如即是唯識眞實之性。安慧對於這唯識性，說爲是極其清淨的眞相（極清淨相），以爲瑜伽修行者在菩薩道所實現的，正是如其所如地覺悟這唯識眞實之性。對於瑜伽修行者的這種實踐，安慧有細膩的描述。他認爲修行者的心定止於作爲名稱的現象識，停息了被認識的客體（grāhya）的概念，體悟到唯有現象識（vijñapti）這種眞理，而又不執持這現象識。漸漸地，他臻於無所取的境界，放棄一切執著，不生起任何表象（作爲實在的表象）。跟著從一切障礙中脫卻開來，而遊心於完全是自由無礙的自在境界（自在性）之中。最後，安慧強調，唯現象識或唯識（vijñaptimātra）本身即是眞如（tathatā），這便是在菩薩道中實現得、證得的眞理。（*Bhāṣya*, p. 42；寺本，p.119；

荒牧，pp.176-177）

附帶補充一點。安慧在轉依的問題上，未有詳論智（jñāna）的概念。不過，他在這裏說唯現象識或唯識的眞理，提出「現觀」（abhisamaya），視之爲證悟眞理的一種直觀方式。這是一種現量（pratyakṣa），但不必是感性的，大概也不是。他說：

> saiva vijñaptimātratetyanena vacanenābhisamaya uktaḥ/（*Bhāṣya*, p.42, l.9）

其意是，就只此便是唯識性這種說法，現觀便被說及了。不過，對於現觀的性格與運作方式，安慧則沒有詳及。

對於這首偈頌的所說及相關連的問題方面，我們在這裏試把安慧的說法與護法的說法作一比較。首先，就相同方面言，對於勝義的眞理，安慧用清淨的字眼，以這種眞理完全是清淨無垢的。護法則說這勝義的眞理或眞如爲「湛然不虛妄」（大31. 48a）。湛然即是澄明、光明，沒有雜染，是清明的。不虛妄則表示眞實的、清淨的。兩人對眞理或眞如的理解大體上是相同的。就不同方面言，護法的疏解比安慧的詳盡，特別是提到勝義或勝義諦一點。他分勝義諦爲四種：世間勝義、道理勝義、證得勝義與勝義勝義。（大31. 48a）安慧則沒有這種分法，他只是以空間來說勝義，大概表示它是虛通無滯礙的。又強調勝義的常一不變性。另外，對於悟入唯識眞理的人，護法提出種姓觀念，認爲只有具有大乘二種姓的人才能悟入。這即是本性住種姓與習所成種姓。（大31. 48b）安慧則沒有這種分法，他大抵以爲一切眾生都有悟入唯識眞理的能力，而眞理或眞如對於他們來說，都是常一的、如如不變的。護法大概還不脫階級分野的意識。又就眞如的普遍性來說，護法以眞實或眞如「於一切位，常如其性」（大31. 48a），表示眞如在一切處境中，都時常能保持本身的不變性格。這是從空間一點說眞如的普遍性，不受任何地域、處境的改變所影響。安慧則說得更爲直接，更爲恰當，他是就主體或眾生說，即是，眞如對於任何眾生來說，不管他們的修行境界爲何，都是如如不變、常一不改。這則不單說眞如有普遍性，而且有濃厚的客觀性了。

二十六、第二十六頌

【梵 文 本】yāvad vijñaptimātratve vijñānaṃ nāvatiṣṭhati/
grāhadvayasyānuśayas tāvan na vinivartate//

【梵本語譯】由於識未立於唯識這種事故中，因此，二取的隨眠未止滅。

【玄奘譯本】乃至未起識，求住唯識性，
於二取隨眠，猶未能伏滅。（大31．61b）

三性問題討論完畢，餘下幾首偈頌，便是有關實踐方面的五位修行。這第二十六頌是說瑜伽行者的菩薩道的第一階段：資糧位。安慧提出，倘若一切都可還原到識，或現象識，則何以我們可依眼、耳、鼻、舌、身這些物質的認識能力或感織，能各各認識色與形、音聲、香、味、感觸這樣的物質對象呢？[1]安慧認爲，這第二十六頌便是爲了回應這種問難而提出的。他的意思是，感識認識對象，因爲有二取（grāha-dvaya），如這首偈頌所表示的。二取是對於被認識的客體與認識的主體的兩種執著，這些執著可積聚成潛勢力，而構成阿賴耶識的成熟果報。這些潛勢力便是隨眠（anuśaya），或者稱

1 安慧的意思殆是，若一切都不外是色，則說識便夠了，何以要在認識論區分認識能力與認識對象呢？

爲種子。[2]安慧的意思是，由於仍然有二取作用，修行者執取被認識的客體與認識的主體而形成表象，識的作用仍未停息。本來，在唯識的眞如理中，被認識的客體與認識的主體這兩原理的對立關係是不出現的。但由於瑜伽行者的心還未定止下來，仍然執持被認識的客體與認識的主體的表象。這種執著的潛在形態仍然存在，故仍未眞正臻於唯識境界。即是，對於外面的對象的執持的表象不放棄，則對於內面的認識能力的執持的表象亦不放棄。因而他人便會提出這樣的問難：「我是以眼等物質的認識能力去認識色與形等物質的對象呀！」（*Bhāṣya*, p.42；寺本，pp.120-121；荒牧，pp.177-179）

對於這一偈頌，安慧的解釋比較簡單，護法《成論》則有較詳細的說明。他強調資糧是一個漫長的修行歷程，包括「順決擇識」，特別是順決擇分（nirvedha-bhāgīya）。跟著還有順解脫分。胡塞爾的現象學不談實踐的具體程序，因而沒有像五位修行那樣的說法。至於「二取」概念，在唯識學來說，是表示執著主、客對象的負面的意思。這二取可說相應於現象學的能意與所意：能取相應於能意，所取相應於所意。但現象學的能意與所意不一定有執著的負面意義，它們的心理學與認識論意義都不濃厚，它們的意味無寧是在存有論方面。能意概括主體的存在，所意概括客體的存在。

2 安慧的《論釋》較少提到種子，這是與護法《成論》很不同的地方。但在第四十二頁解第二十六頌時言及，這即是二取的隨眠或種子。（*Bhāṣya*, p.42）

二十七、第二十七頌

【梵　文　本】vijñaptimātram evedam ity api hy upalambhataḥ/
sthāpayann agrataḥ kiṃcit tanmātre nāvatiṣṭhate//

【梵本語譯】即使說這三界的一切是唯識，由於面前立著某些東西，而有所得，仍不能算是立於這唯識的位置中。

【玄奘譯本】現前立少物，謂是唯識性，
以有所得故，非實住唯識。（大31・61b）

這首偈頌說的是五位中的第二位加行位。安慧在這裏提出一個問題：倘若不對對象（境artha）起繫縛，而只表象爲唯有心識，則心識能否說是定住於「心之法性」（cittadharmatā）中呢？即是說，這樣的心識是否已達於唯識的境界呢？安慧根據這偈頌表示否定的答案。即是，即使這樣做，仍有對象性，仍有表象，不能算是如如體證唯識眞理。（*Bhāṣya*, p.42；寺本，pp.121-122；荒牧，p.180）

安慧又引一個傲慢的人做例子。這個人聽了唯識的教說，可能會這樣想：我已經安住於唯現象識～清淨的眞如～中了。安慧以爲，這個人仍然有繫縛，這首偈頌便是爲了要切斷他的繫縛而提出的，因爲這樣的想法仍然有表象性。（*Bhāṣya*, p.43；荒牧，p.180）這個例子表示，安慧以爲這樣的人對唯識仍然是囿於觀念的、思辯的、言說的理解。這樣理解唯識，仍是不徹底、不究竟的。這其實是對眞理的執著：對唯識眞理的執著。這種執著是概念性的，較一般的對物質對象的執著還要嚴重，更難以破除。般若思想有「空空」（śūnyatā-śūnyatā）觀念，表示對於空的執著，還是要空掉。[1]執著於唯識的眞理，把唯識眞理對象化，還是不成，還是要空破的。

安慧又提到，瑜伽行修行者在瞑想中所觀照到的對象是多種多樣的，他們都會有「某些東西」（kiṃcit）的想法。例如，他們在瞑想中觀察屍體，會想到骸骨，想到瘀青色的變體，想到腐爛的東西，想到蛆虫聚食的東西，想到腫脹的東西。這便是所謂「某些東西」。安慧以爲，倘若固執這「某些東西」，內心仍不能定止於唯識或唯現象識的眞理中。理由是，這仍未能放棄表象作用：對於識的表象。（*Bhāṣya*, p.43；寺本，p.122；荒牧，p.181）按安慧這裏在對象的層次或性格方面的說法有混淆不清之處。他把未能放棄對於識的表象和對「某些東西」的執著關連起來。對「某些東西」的執著是對具體事物的執著，未能放棄對於識的表象是對於心識的執著，這兩種執著是不同的。不管怎樣，如護法的解釋，世親的原偈是認爲把唯識的眞理對象化仍然有所執著，是仍未到家的。唯識的眞理只能被實證，不能被當作對象來執取。執取具體事物與執取眞理不同，後者是更深沉的執取，更難破解。安慧顯然知道這個意思，但在這個瞑想的例子中未有特別提點出來。

護法把對眞理與對存在的執著，稱爲「帶相觀心」。即是，內心仍有執著，仍執著眞理或存在，視之爲被觀取的對象。這種修行

1　對於空空的思想或思考，參閱拙著《佛教的概念與方法》，修訂本，臺北：臺灣商務印書館，2000, pp.28-31。

境界，仍然囿於主、客的二元對立的關係中，未能完全從相對關係的網絡中脫卻開來，未能臻於最高自由的境界，凡是滯著於關係網絡中，不管是認識論的，抑是存有論的，都是繫縛，都無眞正的自由可言，超越主體性仍不能處於徹底的自由境界之中。在胡塞爾現象學中，只有經過現象學還原或本質還原，才能說眞理（Wahrheit），這主要是存有論的眞理。不過，他未有強烈地意識到對眞理的執著。現象學還原使人從日常的自然的、經驗的和缺乏明證的觀察與思考回返過來，提升至超越的層次，從具有明證的超越主體開始開展哲學的活動。對於現象學還原，對於本質的體證，會否構成一種滯礙與束縛呢？胡塞爾未有討論這個問題。他在《笛卡兒式沈思錄》中論自我，這自我有眞我的意味。對於這自我，仍可有我慢、我見（用唯識的語言來說）一類煩惱或執著產生，但胡塞爾在這個地方沒有進一步的探討。

二十八、第二十八頌

【梵文本】yadālambanaṃ vijñānam naivopalabhate tadā/[1]
sthitaṃ vijñāna(apti)mātratve grāhyābhāve tadagrahāt//

【梵文語譯】不管是什麼時侯，當識不得所緣時，便能成立唯識。
當所取沒有時，亦沒有取著所取的事。

【玄奘譯本】若時於所緣，智都無所得，
爾時住唯識，離二取相故。（大31·61b）

這是討論五位中的第三位通達位的偈頌。這顯然是回應上一偈頌提到對存在和眞理的執著的，特別是對眞理的執著。在《論釋》中，安慧也首先提出與此有關的兩個問題：在甚麼階段心識會放棄（對）被認識的客體（的執著）呢？這樣心是否定住於唯心的眞如或眞理（唯心性）中呢？安慧以爲，這首討論修習菩薩道的偈頌便是要回應這些問題。

安慧在引述了世親的這首偈頌後，便說倘若心識不對經中的說法、訓敕的戒律、存在的色、形、音聲等對象加以呈表，表象爲心之外的東西，不去見、認識它們，不執取它們爲有自體，倘若心識

1 這半頌梵偈在文字上有些問題，參看《唯識現學1：世親與護法》第二十八頌的相關部份，這裏不作重複解釋。

放棄被認識的客體，則便算是安住於眞如之中。（*Bhāṣya*, p.43；寺本，p.123；荒牧，p.182）這裏我們可以看到，安慧顯然以爲認識的主、客體成立於相互關係之中，眞如或眞理則成立於對主、客關係的超越中。跟著他便提出自己的論證。他強調，若有被認識的客體，則有認識的主體。倘若沒有被認識的客體，則也沒有認識的主體（的存在）。（grāhyābhāve tadagrahāt, *Bhāṣya*, p.43, l.16）他認爲，就體認而言，我們會體會若沒有被認識的客體，則也沒有認識的主體的情況，我們不會只體會沒有被認識的客體的情況。（*Bhāṣya*, p.43；寺本，pp.123-124；荒牧，p.183）這表示安慧認爲體認眞理應是全面的，不是片面的。即是，要同時體得所取、能取都是無自性，都是空，不能只體得所取是無自性，是空。倘若只體得所取是無自性，是空，則會有我執的危險，以爲能取的我不是空無，而是實有。

承著上面的確認，安慧提出另外一種知或智慧（jñāna）。他指出，被知的對象與知的活動或知的主體是無分別的（nirvikalpa），因而是完平等的，這裏不容許有任何構想或妄執。這樣，便能生起一種超越眾生世界的存在的知或智慧，所謂「出世間智」或「世間無上智」（lokottara-jñāna）。若能放棄對於被認識的客體與認識的主體的自性執著的潛在形態，則「心便能安住於自心的法性中」（svacitta-dharmatāyāṃ ca cittameva sthitaṃ bhavati, *Bhāṣya*, p.43, ll.19-20）。（*Bhāṣya*, p.43；寺本，pp.123-124；荒牧，p.183）[2]

---

[2] 在上引「心便能安住於自心的法性中」的說法中，關於「於自心的法性中」一表述式，寺本作svacitta-dharmāyaṃ（寺本，p.124）安慧《論釋》李維本則作svacitta-dharmatāyāṃ（*Bhāṣya*, p.43, l.19）。按dharmatāyāṃ爲dharmatā（法

關於這首偈頌，我們在《唯識現象學1：世親與護法》的有關地方指出，護法的《成論》與玄奘所翻譯的《三十頌》都把所緣境與無分別智或智對說是不恰當的。所緣境屬相對的、有執的層面，無分別智或智本身是絕對的、無執的智慧，二者屬不同層次，不應混在一起說。安慧的《論釋》便沒有這個問題，他以能取所取（grāhyagrāha, *Bhāṣya*, p.43. l.19）來說，這二取（grāha-dvaya）屬同一層次，都是相對的、有執的，因而沒有這種混淆的情況出現。

性）的單數陰性處格（locative）式，與「自心的法性中」的「中」相應，表示位置、處所之意，故應是正確的寫法。dharmāyaṃ殆是寺本個人誤抄或是該書（寺本）的誤印。

二十九、第二十九頌

【梵 文 本】acitto 'nupalambho 'sau jñānaṃ lokottaraṃ ca tat/
āśrayasya parāvṛttir dvidhā dauṣṭhulyahānitaḥ//

【梵本語譯】這是無心、無得。因而，這是出世間的智慧，是所依的轉得。因捨棄了兩種麁重。

【玄奘譯本】無得不思議，是出世間智，
捨二麁重故，便證得轉依。（大31·61b）

三十、第三十頌

【梵 文 本】sa evānāsravo dhātur acintyaḥ kuśalo dhruvaḥ/
sukho vimuktikāyo 'sau dharmākhyo 'yaṃ mahāmuneḥ//

【梵本語譯】這實是無漏的界域，是不思議，是善，是常住。這是樂，是解脫身。這是所謂大牟尼之法。

【玄奘譯本】此即無漏界，不思議善常，
安樂解脫身，大牟尼名法。（大31・61b）

這是《三十頌》中最後兩首偈頌，分別解說修習位與究竟位。安慧在這裏把它們放在一起來解讀和論釋。他認爲兩偈合起來，要闡明這樣的意思：體證得唯識的眞理的初地的瑜伽行者開始達致覺悟的直觀或見道的境界，由此向上升進，在第二地到第十地的修道歷程中不斷精進，最後在佛地的究竟道中圓滿成就佛果。修行者泯滅了作爲認識主體的心，也不執取被認識的客體，而將它當作對象來表象。他生起出世間的智慧（lokottara-jñāna），超越眾生世界的種種存在。安慧以爲，這種智慧的超越性，可以這樣說：它不是在眾生世界的生生流轉中漸次地積聚下來的知解；在眾生世界中並無現前的靈動表現，它則有這種表現。（*Bhāṣya*, p.44；荒牧，pp.184-185；Chatterjee, p.131）

安慧在這裏提到重要的一點，那便是轉依或依止的轉換

（āśrayasya parāvṛtti）的問題。所謂依止（āśraya），是指一切種子阿賴耶識。[1]轉依或依止的轉換即是舊的迷妄的存在根據（即阿賴耶識）轉換爲新的覺悟的存在根據。[2]在這裏，安慧對轉依有詳盡的解說。即是，舊的存在根據中的1.極其深沉的迷執的有限性、2.迷執的存在的根本成熟的果報（phala）與3.引致能、所二取（認識主體與被認識的客體）的潛勢力（按即種子）這三者滅去，同時即有新的1.融通無礙地運作的無限定性（堪能性）、2.作爲清淨眞理的身體（法身dharmakāya）、3.克服二取的無二智這三者生起。接著安慧提出一個對上面所說有概括性的關要問題：在轉依中，要放棄甚麼東西以成就轉依呢？他自己即回答，要放棄「兩種極其深沉的迷執的有限性」（dvidhā dhauṣṭhulyahānitaḥ），[3]這即是生起煩惱的障礙的極其深沉的迷執的有限性與生起覆障眞理的極其深沉的迷執的有限性。所謂「極其深沉的迷執的有限性」指以種種不同的方式限制存在根據，使它難以融通無礙地運作。這即是煩惱障（kleśa-āvaraṇa）與所知障（jñeya-āvaraṇa）。這是就生起這兩種障礙的潛勢力而言，這亦即是兩種障礙的種子。（*Bhāṣya*, p.44；寺本，p.126；荒牧，pp.185-187）

關於轉依的證取，安慧提出有兩種：聲聞（śrāvaka）與菩薩（bodhisattva）的證法。前者證得解脫身（vimuktikāya），後者證得法身（dharmakāya）。而由於在修行道上有兩種不同的障礙：煩

1　安慧在這裏提到一切種子阿賴耶識（sarvabījakamālayavijñānam）來說依止。又提到一切種子（sarvabīja）和煩惱種子（kleśabīja）。（*Bhāṣya*, p.44）

2　這新的存在根據，應是指智（jñāna）而言。

3　寺本婉雅於dhauṣṭhulya中的ṭh作 th，誤。（寺本，p.126）

惱障與所知障，因而轉依所得的覺悟亦相應地有兩種：有上（sottara）與無上（niruttara）。安慧以爲，煩惱障是聲聞的束縛，煩惱障和所知障合起來，是菩薩的束縛。若能滅除二者，則能證得一切智性（sarvajñātā）而成佛。（*Bhāṣya*, p.44；寺本，pp.126-127；荒牧，pp.187-188.；Chatterjee, pp.132-133）對於安慧這樣說轉依，我們要留意一點，他未提轉識成智，即是，轉八識成四智，只提一切智性。這一切智性應有四智的涵義。因一切智表示既有觀照普遍性的智慧，亦有觀照特殊性的智慧，亦應有應付日常生活的智慧。這分別相當於護法《成論》中說的平等性智、妙觀察智和成所作智。而三者合起來，則相當於《成論》最推崇的大圓鏡智。

對於最後一頌，即第三十頌，安慧較著重「無漏界」與「解脫身」兩個觀念。關於「無漏界」（anāsrava-dhātu），安慧以心來說，以爲這是由迷妄的存在根據轉化爲新的覺悟的存在根據而現成地運作的心，它是沒有任可迷妄力量的。[4]從文字學上來說，甚麼是「無漏界」呢？安慧以爲，這是使神聖的種種存在得以出現的根本原因。「界」（dhātu）即是「因」之意。（*Bhāṣya*, p.44；寺本，p.127；荒牧，p.188）按以心來說無漏界，表示覺悟的存在根據在心，但這並不表示迷執的存在根據也在心，因心沒有任何迷妄的力量，即是，心沒有迷妄的成分、因素。這種思想，頗近於如來藏自性清淨心的旨趣。這不但具有救贖論的意味，也具有存有論的意味。這與禪宗六祖慧能在《壇經》中說「心迷法華轉，心悟轉法華」（大48.355c）與「前念迷即凡夫，後念悟即佛」（大48・350b）的說法不同，後者

4　荒牧典俊譯此anāsrava-dhātu爲「根源界」。（荒牧，p.188）

以心是迷悟之源，是綜合性的思路，同時綜合迷與悟於一心之中，前者則以心爲清淨的，是覺悟的基礎，是分解的思路，把悟法或清淨的成素分解到心中去，和染污的迷執分隔開來。[5]

關於解脫身（vimuktikāya），安慧以爲這是人悟得眞理而得解脫所達致的理境或（精神）身體。這是修行者修菩薩十地行與十波羅蜜行，棄絕煩惱障與所知障，經過轉依而證得的。進一步說，修行者斷除生死流轉的纏繞，但不安住於寂靜的涅槃境地，不止息慈悲心，不爲迷執的存在所囿限，在生死流轉中當下體悟得不思議的（acintya）自在境界，而證得解脫身。（*Bhāṣya*, pp.44-45；寺本，p.128；荒牧，pp.189-190）

以上由第二十六頌開始到末頌是說五位修行。對於其間每一頌的要義，荒牧典俊配合著安慧的詮釋作過概括性的觀察。他認爲第二十六頌敘述從作爲迷妄存在的根本執著的二取脫卻開來，向「唯識」之理步步深化。第二十七頌敘述對「唯識」的表象也否定掉。第二十八頌敘述窮入至「識亦無」的理境。第二十九頌提出要轉換前此的存在根據，落實新的存在根據。[6]最後第三十頌提出所謂「根源界」，（作爲一切存在的依據。）[7]荒牧認爲，根源界實是基於《十地經》中的根源界的說法而來，通過這根源界，諸佛、諸菩薩和眾

---

5 在這裏我們不擬涉及《壇經》的作者問題，我們是假定《壇經》是代表六祖慧能的思想。

6 這應該是轉識成智的意涵。前此的存在根據是識，新的存在根據是智。若這樣看，則不單識是存有的根源，智亦是存有的根源。進一步，我們不單可以說識轉變（vijñāna-pariṇāma），也可說智轉變（jñāna-pariṇāma）

7 這根源界實即是無漏界，或法界。

生的共同體才能展現出來。[8]這說法似有這樣的意思，佛、菩薩和眾生都有同一的存有論的根源，這即是眞如或法界。但這眞如、法界是否即是佛性呢，或如來藏自性清淨心呢？作爲理的眞如、法界是否即等同於心呢？這還不能決定。這是《大乘起信論》的思路，在其「眞如心」或「心眞如」的觀念中，我們看到作爲理的眞如與心等同起來。世親與安慧的唯識學應該未發展到這個地步。

現在我們比較一下在對這最後兩偈頌的詮釋方面安慧與護法的看法。首先很明顯地看到，護法《成論》的詮釋較安慧的詳盡得多，特別是護法提出轉識成智（轉八識成四智）的具體實踐來說轉依，並且由識所轉得的四種智，在行相與所緣方面，都交代得很清楚。另外，護法又詳論三種法身（tri-kāya），作爲轉依後所證得的殊勝果實。這些都是安慧的《論釋》所缺乏的。這可能由於除了護法自己有較詳細的解釋之外，也有《成論》還包含其他論師的意見在內的可能性。關於這點，我們缺乏文獻依據，不能作細微的查考了。不過，在轉依問題上的一個重點，安慧與護法有相同的處理，這即是轉依後生起超越的出世間智。安慧用「一切智性」（sarvajñātā）字眼，護法則詳盡而具體地以四智（成所作智、妙觀察智、平等性智、大圓鏡智）來說。對於這出世間智，兩人都有以捨離的角度來說的傾向，儘管他們也提到要教化眾生。對於這出世間智的建立，安慧很強調我們要泯滅主體與客體的二元對立關係，要滅除煩惱障與所知障，生起清淨法身。特別是在泯除主客對立或能認識、執著的主體與被認識、執著的對象的對峙關係上，安慧的語調是頗重的，這表

---

8 荒牧，p.377. 註13。

示他很重視這點。護法則以「無得」（大31.50c）來說，所得的當然是主體與客體的分立關係，無得是指不緊抱或放棄這種關係。能建立出世間智，便能體證那不思議的（acintya）絕對的眞如境界。另外有一點很值得注意的是，安慧以心來說無漏界，表示心的清淨性格。這表示安慧有清淨心的思想的傾向，在這一點上，他可通到如來藏自性清淨心一體系方面去，這是印度大乘佛教中中觀學與唯識學之外的另一個思想體系。不過，關於這點安慧在《論釋》發揮得不多，他在自己其他的著作中可能有較詳細的發揮，這是一個值得研究的課題。護法則著重虛妄賴耶思想，未有提到清淨心；他是以大菩提和大涅槃來說無漏界，著重果相方面。

就關連到現象學方面來說，胡塞爾以意識歸宗於自我，以多種意識綜合起來而成自我。意識是流動（stömen）的，一束一束地流動，這些一束一束的意識，集合起來便成自我。而自我有兩個層次：經驗的自我與超越的自我，後者的前身即是純粹的自我，傾向於思想性的主體義。安慧以心來說無漏界，以它爲沒有迷執、迷妄的力量或成素，因而應該是清淨的。[9]這種清淨心實可發展成胡塞爾的超越的自我，問題是它要把意識統攝過來。這種統攝，可以在轉依中進行，一邊轉依，一邊統攝，這是一個漸進的程序。轉依實踐完成後，作爲清淨的心體的自我便可浮現出來，它不再執取事物的自性，而是觀照它們的空如本性，這是出世間智的事。這出世間智實

---

9 安慧的這種思想，在唯識學傳統中比較少見。不過，亦有少數例外，安慧固是一例外，另外，亦有視阿賴耶識等同於佛性（buddhatā）、如來藏（tathāgatagarbha）的。眞諦譯的世親對《攝大乘論》的註釋即持此看法。

在可由清淨心體開出，整個歷程都可統攝於自我中，這自我自然是一超越的自我。我們認爲，安慧的轉依和清淨心思想，是可以順著胡塞爾的這種現象學的路數這樣地發展下去的。

參考書目

（日文書依假名字母次序排列，中文書依筆劃次序排列，其他文書依羅馬體字母次序排列，古典文獻則例外。又只列著書，不列論文，有特殊意義者除外）

一、梵文原典

Asaṅga, *Mahāyānasaṃgraha*.載於長尾雅人著：《攝大乘論：和譯と注解》上，東京：講談社，1997，底頁起計pp. 1-106.（按此是無著（Asaṅga）著《攝大乘論》之梵文本，由荒牧典俊依該書之藏譯還原爲梵文，經長尾雅人修訂而成。此論之梵文原本已佚。）

Vasubandhu, *Viṃśatikāvijñaptimātratāsiddhi*. Sylvain Lévi, *Vijña=ptimātratā-siddhi*, deux traités de Vasubandhu, Viṃśatikā accompagnée d'une explication en prose et Triṃśikā avec le commentaire de Sthiramati, Paris, 1925, pp. 1-2.

Vasubandhu, *Triṃśikāvijñaptimātratāsiddhi*. Ibid., pp. 13-14.

Vasubandhu, *Trisvabhāva-nirdeśa*. In T. E. Wood, *Mind Only: A Philosophical and Doctrinal Analysis of the Vijñānavāda*. Honolulu: University of Hawaii Press, 1991, pp. 31-39.

Sthiramati, *Triṃśikāvijñaptibhāṣya*. Sylvain Lévi, *Vijñaptimātratāsiddhi*, deux traités de Vasubandhu, Viṃśatikā accompagnée d'une explication en prose et Triṃśikā avec le commentaire de Sthiramati, Paris, 1925, pp. 15-45.

二、藏譯

Blo-Gros bRtan-pa, *Sum-Cu-Paḥi bÇad-pa*. bStan-Gyur, Si LVIII, pp. 170a~201b, 北京赤字版。

Dul-Baḥi Lha, *Sum-Cu-Paḥi ḥGrel bÇad*. Idem.

三、漢譯

彌勒／無著著、玄奘譯：《瑜伽師地論》，《大正藏》30・279a~882a.

無著著、玄奘譯：《攝大乘論》，《大正藏》31・132c~152a.

世親著、玄奘譯：《唯識二十論》，《大正藏》31・74b~77b.

世親著、玄奘譯：《唯識三十（論）頌》，《大正藏》31・60a~61b.

世親著、眞諦譯：《轉識論》，《大正藏》31・61c~63c.

世親著、玄奘譯：《辯中邊論》，《大正藏》31・464b~477b.

護法著、玄奘譯：《成唯識論》，《大正藏》31・1a~59a.

窺基著：《成唯識論述記》，《大正藏》43・1a~606c.

四、日文

稻津紀三：《佛教人間學としての世親唯識說の根本的研究》，東京：飛鳥書院，1988。

宇井伯壽：《攝大乘論研究》，東京：岩波書店，1966。

宇井伯壽：《安慧護法唯識三十頌釋論》，東京：岩波書店，1990。

上田義文：〈Vijñānapariṇāmaの意味〉，《鈴木學術財團研究年報》，1965，pp. 1-14。

上田義文：《大乘佛教思想の根本構造》，東京：百華苑，1972。

上田義文：〈瑜伽行派における根本眞理〉，宮本正尊編：《佛教の根本眞理》，東京：三省堂，1974, pp. 487-512。

上田義文：《梵文唯識三十頌の解明》，東京：第三文明社，1987。

勝又俊教：《佛教における心識說の研究》，東京：山喜房佛書林，1974。

勝呂信靜：〈唯識思想よりみたる我論〉，中村元編：《自我と無我：インド思想と佛教の根本問題》，京都：平樂寺書店，1981, pp. 547-581。

高崎直道：《唯識入門》，東京：春秋社，1996。

武內紹晃：《瑜伽行唯識學の研究》，京都：百華苑，1979。

武內紹晃：〈インド佛教唯識學における因果〉，佛教思想研究會編：《佛教思想3：因果》，京都：平樂寺書店，1982, pp. 177-196。

武內紹晃：〈瑜伽行唯識學派における業の諸問題〉，雲井昭善編：《業思想研究》，京都：平樂寺書店，1987, pp. 259-281。
竹村牧男：《唯識の構造》，東京：春秋社，1992。
竹村牧男：《唯識の探究：唯識三十頌を讀む》，東京：春秋社，1992。
竹村牧男：《唯識三性説の研究》，東京：春秋社，1995。
田中順照：《空觀と唯識觀》，京都：永田文昌堂，1968。
玉城康四郎：〈カントの認識論と唯識思想：先驗的統覺とアーラヤ識を中心として〉，玉城康四郎編：《佛教の比較思想論的研究》，東京：東京大學出版會，1980, pp. 301-393。
ツルテイム・ケサン、小谷信千代譯：《ツオンカパ著アーラヤ識とマナ識の研究》，京都：文榮堂，1994。
長尾雅人：《中觀と唯識》，東京：岩波書店，1978。
長尾雅人：《攝大乘論和譯と注解》上、下，東京：講談社，1997, 1995。
長尾雅人、梶山雄一監修：《大乘佛典15：世親論集》，東京：中央公論社，1976。
袴谷憲昭：《唯識の解釋學：解深密經を讀む》，東京：春秋社，1994。
服部正明、上山春平：《佛教の思想4：認識と超越：唯識》，東京：角川書店，1974。
平川彰、梶山雄一、高崎直道編集：《講座大乘佛教8：唯識思想》，東京：春秋社，1990。
舟橋尚哉：《初期唯識思想の研究》，東京：國書刊行會，1976。

水野弘元：〈心識論と唯識說の發達〉，宮本正尊編：《佛教の根本眞理》，東京：三省堂，1974, pp. 415-454。

山口益：〈アーラヤ轉依としての清淨句〉，山口益：《山口益佛教學文集》下，東京：春秋社，1973, pp.189-214。

山口益：〈世親造說三性論偈の梵藏本及びその註釋的研究〉，山口益：《山口益佛教學文集》下，東京：春秋社，1973, pp.119-162。

山口益：《佛教における無と有との對論》，東京：山喜房佛書林，1975。

山口益、野澤靜證：《世親唯識の原典解明》，京都：法藏館，1953。

結城令聞：《唯識學典籍志》，東京：大藏出版社，1985。

結城令聞：《世親唯識の研究》上、下，東京：大藏出版社，1986。

横山紘一：《唯識の哲學》，京都：平樂寺書店，1994。

横山紘一：《唯識思想入門》，東京：第三文明社，1995。

横山紘一：《わが心の構造：唯識三十頌に學ぶ》，東京：春秋社，1996。

龍谷大學佛教學會編：《唯識思想の研究》，京都：百華苑，1987。

渡邊隆生：《唯識三十論頌の解讀研究》上、下，京都：永田文昌堂，1995, 1998。

五、中文

印順：《攝大乘論講記》上、下，臺北：慧日講堂，1962。

呂　澂：〈安慧三十唯識釋略抄〉，《內學年刊》，1-4，臺北：國史研究室，1973, pp. 563-590。

吳汝鈞：〈唯識宗轉識成智理論之研究〉，吳汝鈞：《佛教的概念與方法》，臺北：臺灣商務印書館，1992, pp. 98-208。

吳汝鈞：《印度佛學的現代詮釋》，臺北：文津出版社，1994。

吳汝鈞：《中國佛學的現代詮釋》，臺北：文津出版社，1995。

熊十力：《佛家名相通釋》，臺北：廣文書局，1961。

霍韜晦：《安慧三十唯識釋原典譯註》，香港：中文大學出版社，1980。

六、英文

Anacker Stefan, *Seven Works of Vasubandhu*. Delhi, Varanasi, Patna, Madras: Motilal Banarsidass, 1986.

Chatterjee Ashok Kumar, *Readings on Yogācāra Buddhism*. Banaras: Banaras Hindu University, 1970.

Chatterjee Ashok Kumar, *The Yogācāra Idealism*. Delhi, Varanasi, Patna: Motilal Banarsidass, 1975.

Cook Francis H., *Three Texts on Consciousness Only*. Berkeley: Numata Center for Buddhist Translation and Research, 1999.

Hamilton C. H., *Wei Shih Er Shih Lun Or the Treatise in Twenty Stanzas on Representation-only*. New Haven: American Oriental Society, 1938.

Harris Ian Charles, *The Continuity of Madhyamaka and Yogācāra in Indian Mahāyāna Buddhism*. Leiden: E. J. Brill, 1991.

Jaini P. S., "On the Theory of Two Vasubandhus." *Bulletin of the School of Oriental and African Studies*, Vol. XXI, 1958, pp. 48-53.

Kalupahana David J., *Causality: The Central Philosophy of Buddhism*. Honolulu: University Press of Hawaii, 1975.

Kalupahana David J., *The Principle of Buddhist Psychology*. Delhi: Sri Satguru Publications, 1992.

Kochumuttom Thomas A., *A Buddhist Doctrine of Experience*, A New Translation and Interpretation of the Works of Vasubandhu the Yogācārin. Delhi: Motilal Banarsidass, 1989.

Lusthaus Dan, *A Philosophic Investigation of the "Ch'eng Wei-shih Lun": Vasubandhu, Hsüan-tsang and the Transmission of Vijñaptimātra (Yogācāra) from India to China*. A PhD Dissertation, Temple University, 1989.

Nagao Gadjin M., "What Remains in Śūnyatā: A Yogācāra Interpretation of Emptiness," Minoru Kiyota, ed., *Mahāyāna Buddhist Meditation: Theory and Practice*. Honolulu: The University of Hawaii Press, 1978, pp. 66-82.

Nagao Gadjin M., *Mādhyamika and Yogācāra*. Tr. By L. S. Kawamura. Delhi: Sri Satguru Publications, 1992.

Powers John, tr., *Wisdom of Buddha: The Saṁdhinirmocana Sūtra*. Berkeley: Dharma Publishing, 1994.

Schmithausen Lambert, *Ālayavijñāna: On the Origin and the Early Development of a Central Concept of Yogācāra Philosophy*. Part I: Text ; Part II: Notes, Bibliography and Indices, Tokyo: The International Institute for Buddhist Studies, 1987.

Stcherbatsky Th., *Buddhist Logic*. 2 Vols., Bibliotheca Buddhica xxvi, Leningrad: Izdatel' stov Akademii Nauk S.S.S.R., 1932.

Tāranātha, *History of Buddhism in India.* Tr. By Lama Chimpa and Alaka Chattopadhyaya. Delhi: Motilal Banarsidass, 1990.

Wei Tat, *Ch'eng Wei-Shih Lun*. Hong Kong: The Ch'eng Wei-Shih Lun Publication Committee, 1973.

Wood Thomas E., *Mind Only: A Philosophical and Doctrinal Analysis of the Vijñānavāda.* Honolulu: University of Hawaii Press, 1991.

Yamada I., "Vijñaptimātratā of Vasubandhu," *Journal of the Royal Asiatic Society*. 2, 1977, pp. 158-176.

七、德文

Frauwallner Erich, "Amalavijñānam und Ālayavijñānam." In *Beiträge zur indischen Philologie und Altertumskunde*. Walther Schubring zum 70. Geburtstag dargebracht. Hamburg (ANIST vol. 7), S. 148-159.

Frauwallner Erich, *Die Philosophie des Buddhismus*. Berlin: Akademie-

Verlag, 1958.

Kitayama Junyu, *Metaphysik des Buddhismus: Versuch einer philosophischen Interpretation der Lehre Vasubandhus und seiner Schule*. Stuttgart-Berlin: Verlag von W. Kohlhammer, n.d. Reprinted by Chinese Materials Center, China, 1983.

Schmithausen Lambert, *Der Nirvāṇa-Abschnitt in der Viniścayas=aṃgrahaṇī der Yogācārabhūmiḥ*. Wien (Österreichische Akademie der Wissenschaften, Philos.-hist. Klasse, Sitzungsberichte, 264. Bd., 2. Abh.) 1969.

Schmithausen Lambert, "Sautrāntika-Voraussetzungen in Viṃśatikā und Triṃśikā" In *Wiener Zeitschrift für die Kunde sud- (und Ost) asiens* xi, 1967, S. 109-136.

八、法文

de la Vallée Poussin Louis, *Vijñaptimātratāsiddhi, La Siddhi de Hiuan-Tsang*. Paris, 1928.

九、辭典與書目

多屋賴俊、橫超慧日、舟橋一哉編集：《新版佛教學辭典》，京都：

法藏館，1995。
中村元、平川彰、玉城康四郎編集：《新佛典解題事典》，東京：春秋社，1971。
平川彰編：《佛教漢梵大辭典》，東京：靈友會，1997。
Monier-Williams M., *A Sanskrit-English Dictionary*. New Edition. Delhi, Patna, Varanasi: Motilal Banarsidass, 1974.
Powers John, *The Yogācāra School of Buddhism: A Bibliography*. Metuchen, N. J., and London: The American Theological Library Association and the Scarecrow Press, Inc., 1991.
吳汝鈞編著：《佛教思想大辭典》，臺北：臺灣商務印書館，1994。

附言：本書多處牽涉胡塞爾（E. Husserl）的現象學，關於該書的參考書，請參閱拙著《胡塞爾現象學解析》的參考書目。以下只列出該書所參考胡氏的最重要的德文原著。

1. *Ideen zu einer reinen Phänomenologie und phänomenologischen Philosophie*. Erstes Buch. Den Haag: Martinus Nijhoff, 1976.（省作 *Ideen I.*）
2. *Cartesianische Meditationen und Pariser Vorträge.* Den Haag: Martinus Nijhoff, 1973.（省作 *Meditationen.*）
3. *Die Idee der Phänomenologie.* Den Haag: Martinus Nijhoff,1973.（省作 *Idee.*）

又附言：在此書排印完畢，正在編製索引期間（索引的編製歷時超過大半年)，我到日本與中國大陸作客席研究和開會，期間找到一些未列入此書目中的資料（著書），雖未細讀，但覺得對本書仍有參考價值，因此補列如下。由於作者涉及日、韓、中三方面，故姑以出版年份作序：早出版的在前，後出版的在後。

上田義文：《佛教思想史研究》，京都：永田文昌堂，1967。

上田義文：《攝大乘論講讀》，東京：春秋社，1981。

梶山雄一：《佛教における存在と知識》，東京：紀伊國屋書店，1983。

沖和史：〈唯識〉，長尾雅人等編：《インド佛教・I》，東京：岩波書店，1998。

木村俊彥：《ダルマキ——ルティにおける哲學と宗教》，東京：大東出版社，1998。

谷貞志：《刹那滅の研究》，東京：春秋社，2000。

小谷信千代：《攝大乘論講究》，京都：東本願寺出版部，2001。

袴谷憲昭：《唯識思想論考》，東京：大藏出版社，2001。

李鍾徹：《世親思想の研究～《釋軌論》を中心として～》，東京：山喜房佛書林，2001。

海野孝憲：《インド後期唯識思想の研究》，東京：山喜房佛書林，2002。

索引凡例

1. 本索引以三大語種爲準，分爲（I）東亞的中、日文；（II）佛典的梵、藏文；（III）西方的英、德、法文三大語組。每一語組內再按實際需要細分（A）人名、書名；（B）佛學名相及（C）現象學（暨西方哲學）術語等小組。除少數明確例子外，一般而言，同一語詞的不同語種辭彙（例如「世親」與“Vasubandhu”）名下只列該特定語種出現的頁碼。
2. 不論東亞、佛典或西方語組，其名下「人名、書名」一欄內的人名索引涵蓋全書總序、別序、正文、註解及書目等環節裡曾提及的所有學者人名（包括原典作者、譯者及現代的研究者），但書名則僅列佛教（尤其是唯識宗）及現象學原典，不包括專書或單篇論文等二手研究之項目，不過讀者仍可透過人名檢視到相關的二手研究的所在。
3. 由於《成唯識論》的引文在《唯識現象學1》裡，及安慧《唯識三十頌釋》的荒牧典俊的解釋及李維（S. Luéi）本子的徵引在《唯識現象學２》裡依《三十頌》的偈頌次序緊密分佈全書，爲便讀者對照，特別依序標明頌號，排列上述三條項目出現的頁碼。
4. 有關佛學名相部分，中文術語依筆劃多少次序排列，由於在整個索引中，佛學名相所佔篇幅最廣，爲便搜索，在中文術語方面將標示出筆劃（如「四劃」）次序。梵文則依轉寫後的羅馬字母次序。因主題的關係，這裡所收列的中文項目主要集中在唯識宗的名相，而非唯識宗的一般佛學術語只依其在本書中與唯識宗之間關係的親疏程度作選擇性收列。梵文方面，一般而言，凡在本書內標出者多有收列，但在行文內偶有爲解釋文法而引述的梵文句子或片語，因不屬「名相」性質，不予收錄。

5.有關現象學術語方面，凡在本書內依中文或依德文出現者，大體都收列，唯少量西方哲學的英文及中文術語，則按情節考慮其與現象學間關係作取捨，當中關乎哲學立場者，如觀念論（idealism）、「實在論」（realism）、「表象論」（representationalism）、「現象論」（phenomenalism）等皆予收列，但若只屬一般西哲通用術語則多從略。

I.中、日文索引（依筆畫次序排列）

A.人名、書名（書名只限於唯識宗及現象學原典）

B.佛學名相

一　劃：

二　劃：

三 劃：

四 劃：

五 劃：

六 劃：

七 劃：

八 劃：

九 劃：

十　劃：

十一劃：

十二劃：

十三劃：

十四劃：

十五劃：

十六劃：

十八劃：

十九劃：

二十劃：

C.現象學術語

II.梵、藏文索引（依羅馬字母次序排列）

A.人名、書名

B.佛學名相

III.德、英、法文索引

A.人名、書名（書名只限於現象學原典）

B.現象學術語

國家圖書館出版品預行編目資料

唯識現象學 2：安慧

吳汝鈞著. – 初版. – 臺北市：臺灣學生，2002
面；公分
參考書目：面
含索引

ISBN 978-957-15-1153-5(平裝)

1. 法相宗

226.2 91018300

唯識現象學 2：安慧

著 作 者 吳汝鈞
出 版 者 臺灣學生書局有限公司
發 行 人 楊雲龍
發 行 所 臺灣學生書局有限公司
地 址 臺北市和平東路一段 75 巷 11 號
劃撥帳號 00024668
電 話 (02)23928185
傳 真 (02)23928105
E-mail student.book@msa.hinet.net
網 址 www.studentbook.com.tw
登記證字號 行政院新聞局局版北市業字第玖捌壹號
定 價 新臺幣三〇〇元

二〇〇二年十月初版
二〇二二年九月初版三刷

22603

ISBN 978-957-15-1153-5 (平裝)